Todo LO QUE QUERÍAS *saber* PERO NO TE ATREVÍAS A *preguntar*

RELIGIONES, SECTAS Y CREENCIAS POPULARES

JESSICA L. T. DEVEGA & CHRISTINE ORTEGA GAURKEE

GRUPO NELSON
Una división de Thomas Nelson Publishers
Desde 1798

NASHVILLE   DALLAS   MÉXICO DF.   RÍO DE JANEIRO

Editora en Jefe: *Graciela Lelli*
Traducción: *Guillermo Serrano*
Diseño y composición del libro en inglés: *Robin Crosslin*
Adaptación del diseño al español: *Grupo Nivel Uno, Inc.*

ISBN: 978-1-60255-758-1

Impreso en Estados Unidos de América

13 14 15 16 17 QG 9 8 7 6 5 4 3 2 1

Contenido

Introducción

«Alguien me dijo que los musulmanes creen que recibirán a setenta y dos vírgenes como recompensa si son terroristas suicidas».

«He oído que los hindúes adoran las vacas».

«¿Asesinaron los judíos a Jesús?».

Habiendo sido profesoras de religión durante esta última década, hemos encontrado estudiantes con todos estos comentarios y muchas otras preguntas. Como sucede con muchos adultos, los adolescentes y jóvenes adultos que enseñamos han escuchado por lo menos «un» malentendido sobre alguna religión diferente de la suya. Sin embargo, cuando se les pregunta, la mayoría de las personas no pueden precisar la fuente exacta de su información. Las declaraciones que hacen nuestros estudiantes y las preguntas que hacen acerca de otros sistemas de creencias, son por lo general ingenuos, curiosas y, casi siempre, basadas en información de segunda o tercera mano.

Si has escogido este libro, es probable que tú mismo tengas preguntas. Puede ser que hayas oído alguna de las declaraciones mencionadas antes sobre otras religiones y te hayas preguntado si son ciertas, o puede ser que te hayas encontrado con algún rumor insidioso u odioso sobre alguna tradición diferente de la tuya. Tu preocupación puede deberse a que has escuchado que alguien ha dicho que otra religión era «violenta», «demoníaca», o «loca». Es posible que te hayas encontrado con un miembro de otra religión por primera vez y te hayas preguntado a ti mismo sobre qué cree esa persona, cómo piensa, de qué manera entiende el mundo, o cómo se le puede hablar respetuosamente y que tú sigues manteniendo tu propia fe.

Este libro es un intento de dirigirse a este tipo de preguntas que tienen las personas a medida que aprenden acerca de otra religión por primera vez. Partimos de la base que tú no tienes un conocimiento previo de las religiones, sectas y creencias populares que describimos en este breve libro. En ves de eso, queremos darte un resumen conciso general de introducción sobre una amplia gama de sistemas de creencias. Esperamos que al dirigirnos a muchos de los estereotipos más comunes, los malentendidos y las percepciones de las creencias religiosas alrededor del mundo, que tú llegarás a comprender las enseñanzas actuales y las creencias de otros grupos religiosos y también poder tener un mejor entendimiento de tus propias creencias y de por qué las mantienes.

En este libro, decidimos acercarnos más a distintos tipos de creencias religiosas y no religiosas. Era importante para cada uno de nosotros ser lo más sencillos posibles cuando escribimos acerca de cada tradición. En ese proceso, nos propusimos la objetividad como centro de nuestros escritos y por sobre todo, nos aproximamos a cada sistema de creencias con respeto. Sin embargo, hay algunos capítulos en donde la objetividad se hace muy difícil. Por ejemplo, el capítulo sobre la violencia religiosa se ha escrito en el estilo de un periodista académico que presenta los hechos con la esperanza que podamos comprendernos mejor unos a otros. Pero obviamente nosotros ni estimulamos ni toleramos la violencia religiosa o la de otro tipo.

En este libro, hicimos el esfuerzo de reunir la información que explicara los conceptos generales de cada tradición. Para nosotros, eso incluyó algo de contexto histórico y la información sobre orígenes, fundadores, personas y sitios importantes. Los textos sagrados a menudo contienen las creencias básicas de una tradición y pueden arrojar luz sobre algunos de los ritos, rituales, días sagrados y festivales que para una comunidad religiosa son muy especiales. Así que los hemos incluido, cuando es necesario. Además, aunque la información histórica y los textos sagrados pueden proporcionar una estructura básica para entender una tradición particular, son las prácticas actuales de un grupo las que aportan un conocimiento más profundo acerca de cómo se comporta y se relaciona la gente con el mundo que les rodea. Por esta razón, hemos destacado las prácticas claves y rituales más importantes. Nuestra esperanza general era que este libro pudiera entregar una información concisa pero un resumen rico para cada tradición.

Como profesoras, hemos conocido a estudiantes de diversos trasfondos y tradiciones de fe, pero por supuesto no somos de los «integrados» para la mayoría de estos sistemas de creencias. Hemos preferido aproximarnos al tema como observadores reconociendo que somos personas que estamos «afuera». Pero confiamos que nuestras observaciones diligentes puedan aproximarnos a aquellas personas que aun creyendo diferente podamos ser capaces de hablar los unos con los otros desde una posición de respeto conocedor.

El subtítulo de este libro, «Religiones, sectas y creencias populares» puede invitar a la confusión. Tú puedes preguntarte, ¿qué hace que una religión sea diferente de una secta o una creencia popular? He aquí algunas definiciones generales.

Por *religión*, nos referimos por lo general a un sistema de creencias globales como judaísmo, cristianismo, islam, budismo e hinduismo. Estos sistemas suelen mantener una cosmovisión bien establecida y desarrollada por un período largo de tiempo. Estas religiones han tenido influencia histórica y geográfica, y a menudo sobre múltiples continentes. Estas religiones enfatizan las tradiciones, rituales, escrituras sagradas, estructura de creencias y a menudo tienen una autoridad centralizada. Pero tú verás que algunas de estas características también se aplican a los grupos más nuevos que se presentan en este libro. No obstante, por lo general, la designación *religión* indica a una tradición establecida con creencias y patrones de conductas bien establecidas entre sus seguidores.

La mayoría de las personas asocian la palabra *secta* con grupos que son peligrosos o fanáticos. Normalmente, la gente piensa de la palabra *secta* como un insulto. No obstante, algunos estudiosos de las ciencias sociales, como la sociología y la psicología usan este término de una manera distinta para señalar un pequeño grupo religioso que tiene a menudo un sistema de creencias menos establecido. Estos grupos son más separatistas y se forman alrededor de un líder carismático con ideales únicos. Los líderes de una secta muchas veces exigen un alto nivel de compromiso por parte de sus seguidores. Algunas sectas son también una especie de «culto» o facciones que se separan de una religión más establecida. Puede ser que las sectas no sean necesariamente abusivas o espantosas, pero su aislacionismo puede generar rumores por parte de los excluidos y puede resultar en violencia a veces desde adentro del grupo como de los que se encuentran fuera de él. En este libro, usamos el término *secta* en esa forma. La palabra se intercambia a menudo con la expresión «nuevo movimiento religioso» o «religión alternativa». Algunos estudiosos comenzaron a usar estos términos en lugar de *secta* para no implicar que todos estos grupos sean peligrosos y fanáticos.

«Las creencias populares», el tercer elemento del subtítulo, es una especie de categoría de término comodín para los propósitos de este libro. Algunas creencias populares, tales como el ateísmo o posmodernismo, han establecido desde hace tiempo su historia y sistemas de pensamiento. Otras, tales como el vampirismo, son más recientes y a veces contradictorias en sus creencias y prácticas. Lo que une a los diversos grupos en esta tercera categoría es la popularidad. Al decir esto no estamos afirmando que esos grupos tengan más creyentes o tengan una gran tradición en el mundo. Nosotros simplemente queremos decir que estos grupos tienen visibilidad como para que mucha gente haya oído acerca de ellos o conocido a alguien que forme parte de estos grupos.

Este libro está dividido en varias secciones. Primero, las «Tradiciones globales» abordan las religiones más influyentes en el mundo. Esto incluye las tradiciones abrahámicas: judaísmo, cristianismo e islam. Adicionalmente, las «Tradiciones globales» incluyen el hinduismo, el cual se considera la religión de la que se deriva el budismo, jainismo y sijismo. La fe baha'i se incluye también en esta sección. Estas religiones caen dentro de la categoría de religiones globales por el tamaño de sus seguidores o su impacto en la comunidad global.

Por ejemplo, el judaísmo tiene un pequeño número de seguidores a nivel mundial, debido mayormente al Holocausto; pero a pesar de eso judaísmo ha tenido un gran impacto a través de su influencia y conexión tanto con el cristianismo como con el islam.

La sección que sigue, «Religiones de sitio», considera las tradiciones que son naturales o autóctonas, entendiendo que por lo general estas religiones están unidas a regiones geográficas específicas. Por ejemplo, el mito de la creación en el sintoísmo incluye el relato de cómo los dioses crearon el mundo y cómo Japón salió de esa creación. Las religiones tradicionales como santería, vudú y el Movimiento rastafari se encuentran en las islas del Caribe donde se desarrollaron de unas situaciones opresivas relacionadas con una historia de esclavitud. Las religiones tribales de los nativos americanos y africanos (por ejemplo, la religión yoruba o el chamanismo) se conectan con la tierra y con una comunidad que sirve de base para entender el ser. Sin embargo, en la actualidad, no todas las llamadas religiones autóctonas están atadas a relacionarse a un lugar específico, debido a que muchos miembros de esas comunidades han abandonado sus lugares de origen y se han reubicado alrededor del mundo. Estas no solo incluyen tradiciones como vudú, santería y yoruba, sino también taoísmo, confucianismo y zoroastrismo. Pero a pesar del hecho que estas tradiciones tienen ahora comunidades globales en la diáspora, los orígenes, detalles y prácticas todavía permanecen conectados a la localidad geográfica en que estas tradiciones se originaron.

La sección tres se titula «Tradiciones mayormente americanas». Se ha identificado a Estados Unidos como un crisol y se ha utilizado también la analogía de una ensalada para expresar la idea de varios individuos de distintos trasfondos que viven juntos en una misma tierra. La libertad de religión garantizada por la Constitución ha estimulado que muchos movimientos religiosos únicos se hayan levantado, desarrollado y florecido en nuestra «ensalada» americana. Los Testigos de Jehová, la Iglesia de Jesucristo de los Santos de los Últimos Días, los unitarios y las tradiciones anabaptistas, se han derivado del cristianismo y algunas se identifican a sí mismas como cristianas. Nación de Islam es una rama del islam ortodoxo; hare Krishna viene del hinduismo. Sin embargo, no todas las tradiciones que son especialmente americanas son un ramal directo de una tradición mayor. La cienciología se originó en Estados Unidos con la ayuda del autor de ciencia ficción y fundador L. Ron Hubbard. Todas estas tradiciones se agregan al muestrario religioso de esta sociedad pluralista.

En años recientes, se ha dado un fenómeno de cultura de ficción que ha influenciado de hecho las creencias e identidad de las personas reales, sea que el mago Harry Potter ha influenciado a miles de personas para que usen su vestimenta o los personajes de la serie «Crepúsculo»han motivado a las jovencitas a mantenerse vírgenes hasta el matrimonio. La sección de este libro «Las religiones basadas en la cultura pop» analiza varios aspectos de la cultura popular que han llegado a ser religiosos, ya sea en sus postulados o en sus prácticas. Esta porción del libro cubrirá estas ideas extremas que van desde los fanáticos de la televisión hasta los que buscan la comunicación con lo paranormal.

En «Creencias no religiosas», desafiamos la presunción de que toda creencia es religiosa. Hay personas que sostienen creencias que por su naturaleza no son religiosas aunque operan como un sistema para comprender el mundo y cómo deberían los humanos relacionarse con él. Tanto si se es ateo, agnóstico o posmoderno, las ideologías no religiosas se encuentran en auge después del 11 de septiembre del 2001.

Puesto que reconocemos que son los humanos los que observan, practican y creen en una religión y que los seres humanos son falibles, la sección final de este libro, «Extremismo», aborda algunos de los peores hechos de la conducta humana influenciados por el conocimiento religioso de la gente. En el transcurso de la historia, se han cometido atrocidades en nombre de la religión; líderes carismáticos han estimulado al suicidio y tradiciones apocalípticas han fomentado la violencia para ayudar a provocar el fin del mundo. Es importante abordar los riesgos de lo que sucede cuando el entendimiento religioso de una persona le lleva a causar daño a otros.

UNA EXPLICACIÓN ACERCA DE LA EXPRESIÓN A.C. Y A.D.

La manera tradicional de dividir los años se basa en la fecha del nacimiento de Jesús. La sigla A.C. significa: antes de Cristo y A.D. significa: Anno Domini (en latín para año del Señor). Los años antes del nacimiento de Jesús se cuentan en forma regresiva hasta llegar al 1 A.C.; los años después se cuentan comenzando con el 1 A.D. Esto ocasiona algunos problemas. No existe el año 0 en este calendario. En segundo lugar, el sistema A.C./A.D., fue creado por un monje llamado Dionisio Exiguss, en el siglo VI mucho antes que la gente pudiera calcular el año del nacimiento de Jesús. La evidencia histórica señala que Jesús no podía haber nacido después del 4 A.C., cuando se consideran los relatos sobre el nacimiento de Jesús de Mateo y Lucas junto con las fuentes griegas y latinas. Mateo 2 menciona a Herodes el Grande. Lucas 2 dice que Jesús nació en el reinado de Augusto cuando Quirino era gobernador de Siria. ¡Es obvio que se crea un problema lingüístico al afirmar que Jesús nació cuatro años «Antes de Cristo»! Por esta razón, entre otras, los eruditos han adoptado los términos A.E.C. (antes de la era común) y E.C. (era común), para referirse a los mismos períodos. Nosotros hemos preferido usar A.E.C. y E.C. en este libro para ayudarte a que te familiarices con la terminología que vas a encontrar en muchos libros de texto de historia.

TRADICIONES GLOBALES

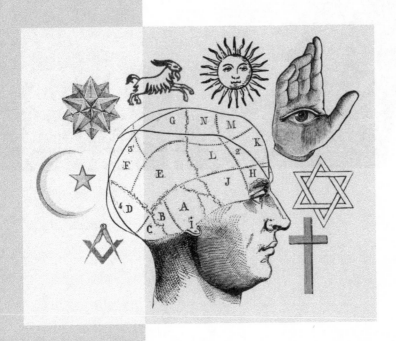

*Biblia hebrea
y chal de
oración judía*

JUDAÍSMO

INTRODUCCIÓN

La fe judía pone un gran énfasis en la historia humana como una línea de tiempo única e inquebrantable; es decir, los judíos creen que el mundo comenzó en cierto momento en el pasado, existe ahora y un día terminará. En tanto que esta explicación puede sonar familiar, especialmente a los cristianos o a los musulmanes que comparten esta visión del tiempo, es muy diferente para las creencias hindúes o budistas en que el tiempo es un ciclo de creación y destrucción. Aquella cosmovisión da a entender que todos los seres humanos pueden sacar alguna inspiración y orientación de eventos del pasado. De hecho, una característica central de la fe judía es una profunda conexión entre las prácticas del presente y las historias y promesas del pasado antiguo. Entonces, para comprender realmente la fe judía, debemos comenzar con su pasado.

HISTORIA

Orígenes e historia antigua

El primer lugar en donde dirigirnos para entender los orígenes y la historia antigua del judaísmo es la Biblia hebrea o Tanaj (ver «Textos»).

Biblia hebrea

La Biblia hebrea presenta al judaísmo como siempre existente, comenzando con la creación del mundo (Génesis 1–3), y desarrollándose a través del tiempo para incluir todos los elementos asociados con la práctica judía moderna.

En particular, la Torah o los primeros cinco libros de la Biblia hebrea, proporcionan el retrato más extenso y detallado de la antigua religión israelita que se desarrolló hasta convertirse en el judaísmo. En general, los estudiosos del judaísmo dependen de la Torah para la historia y desarrollo de la religión. No obstante, la imagen bíblica está incompleta; nos da una idea de la gente y de los conceptos que llegaron a ser importantes en el judaísmo posterior, pero lo más probable es que la Torah se desarrolló mayormente desde una tradición oral a la larga de mucho tiempo. La mayoría de los eruditos creen que estas tradiciones no se pusieron por escrito hasta entre los siglos VII y V, A.E.C. Más significativo aun, la Biblia hebrea se interesa más con los eventos que relacionan a Dios con el pueblo escogido de Israel, así que a menudo no es muy clara o totalmente callada acerca de los lugares, fechas y eventos que se relacionan con la historia de las naciones vecinas de Israel.

Para entender el judaísmo, uno debe primero comprender la historia de Israel en la Biblia. La Torah comienza con Génesis, el cual traza la historia comenzando con la creación del mundo y los defectos de los humanos (p. ej. el primer homicidio [Génesis 4], la torre de Babel [Génesis 11]), los matrimonios mixtos con ángeles [Génesis 6] y luego, siguiendo el desarrollo y movimiento de las familias de los patriarcas Abraham, Isaac y Jacob.

Dios llama a Abraham para que desde su propia patria vaya a la tierra de Canaán, la cual Dios promete a todos los descendientes varones de Abraham que están circuncidados (Génesis 12). Abraham llega a ser el padre de dos hijos: con Agar engendra a Ismael, y con Sara engendra a Isaac. Las religiones abrahámicas (judaísmo, cristianismo e islam) trazan su herencia espiritual con estos patriarcas y matriarcas. La promesa de Dios pasa al hijo de Isaac, Jacob (cuyo nombre cambia después a Israel). Los hijos de Jacob/Israel (doce hijos y una hija) se establecen en la tierra de Canaán, pero luego deben mudarse a Egipto debido a una hambruna (ver Génesis 47).

La historia de Israel continúa en el libro del Éxodo. Éxodo relata la historia de cómo los descendientes de Jacob florecen brevemente en Egipto antes que el faraón los esclavice. Dios usa a un descendiente de Jacob llamado Moisés para

El éxodo de Egipto

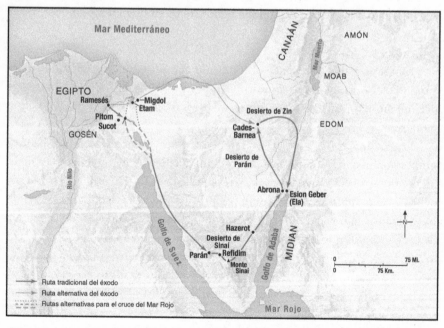

liberar de la esclavitud a los israelitas (aquí llamados «hebreos») y guiarlos de regreso a la Tierra Prometida a sus ancestros. En su viaje, el pueblo recibe un nuevo conjunto de mandatos de alianza, incluyendo los Diez Mandamientos (Éxodo 20). Sin embargo, el pueblo es infiel a Yavé (YHWE, el nombre personal que Dios ha dado a Moisés en Éxodo 3.14) y vaga por una generación en el desierto entre Egipto y Canaán. Las historias de estos viajes forman el resto de la Torah.

Después de la muerte de Moisés, Dios permite a los hebreos que vuelvan a entrar en la tierra bajo el liderazgo de Josué, que es segundo en autoridad después de Moisés. Una confederación no organizada de doce tribus se establece en Canaán y que tiene como guías y protectores guerreros carismáticos hombres y mujeres llamados jueces. Cuando este sistema de liderazgo colapsa, el pueblo pide un rey (ver 1 Samuel 8). Primero, Saúl es designado como rey. Luego David, quien adopta la ciudad jebusita de Jerusalén como su capital. El hijo de David, Salomón

Establecimiento de las tribus

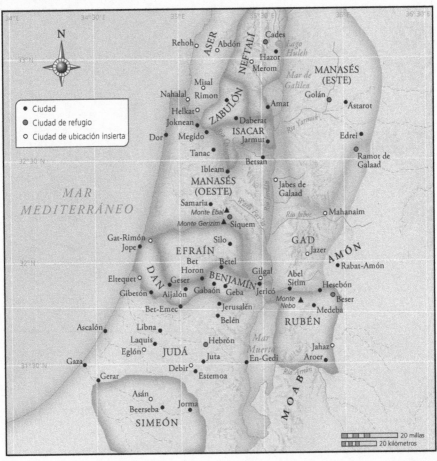

© GeoNova

sucede a su padre, y durante su reinado, se construye el primer templo en Jerusalén. Para más información sobre el significado religioso del templo, ver «Creencias principales». Este período se conoce como la Monarquía Unida (ver mapa).

Sin embargo, esta nación no permanece unida por mucho tiempo. A la muerte de Salomón, el pequeño país se divide en norte y sur: la alianza del

El reino dividido

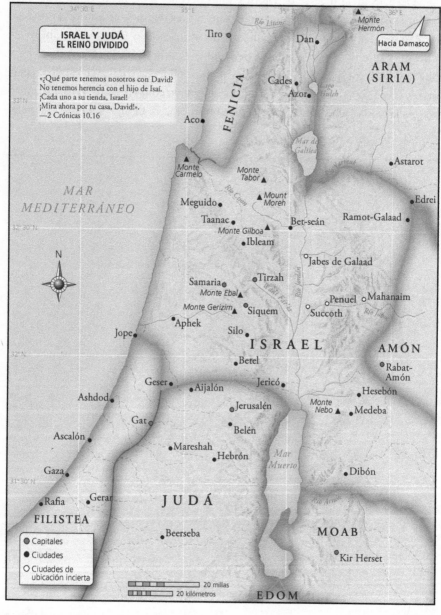

ISRAEL Y JUDÁ
EL REINO DIVIDIDO

«¿Qué parte tenemos nosotros con David?
No tenemos herencia con el hijo de Isaí.
¡Cada uno a su tienda, Israel!
¡Mira ahora por tu casa, David!».
—2 Crónicas 10.16

© GeoNova

16

norte se convierte en Israel y la alianza del sur se conoce como Judá de la que se deriva el término *judaísmo*.

Estos reinos siguen funcionando separadamente con sus propios santuarios, monarquías y profetas hasta que una invasión de los asirios destruye a Israel en el 722 A.E.C. En menos de doscientos años más tarde, los neobabilonios capturan a Judá y destruyen el templo de Salomón en Jerusalén, poniendo término al período monárquico en el sur y enviando a los judíos al exilio en Babilonia. El pueblo vive en el exilio cerca de cincuenta años antes que el rey persa Ciro les permite volver a Jerusalén. Después de su regreso, los judíos reedifican un segundo templo en Jerusalén y aquí, la historia del pueblo judío llega a su fin según lo relata la Biblia.

Los babilonios invaden Palestina

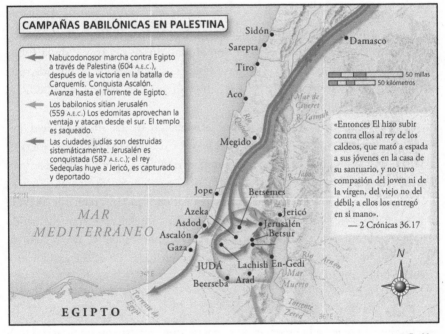

© GeoNova

Arqueología

Es interesante notar que, en contraste con esta larga historia bíblica, la evidencia arqueológica acerca de los orígenes y desarrollo del judaísmo es más bien escasa. La primera aparición del nombre Israel fuera de la Biblia aparece en el siglo XIII A.E.C., cuando un faraón egipcio llamado Merneptah registra su conquista de un pueblo llamado Israel. La fecha en la estela sobre la victoria de Merneptah (una columna de piedra con marcas o escritura) puede que corresponda al período de Josué mencionado en la Biblia. Sin embargo, la estela misma no proporciona información útil sobre la identidad del pueblo conquistado ni dónde se originó. En forma similar, el establecimiento y la extensión de Jerusalén como la ciudad de David se hace difícil de verificar arqueológicamente y no queda evidencia de un templo salomónico, aunque se venden falsificaciones modernas de restos ocasionalmente.

Sin embargo, aun teniendo evidencia limitada física, es aparente que el pueblo judío tiene un pasado largo en y alrededor de la tierra de Israel. Además, cuando se juntan estas pistas arqueológicas junto con el texto bíblico, conseguimos una imagen más clara de las creencias que llegaron a ser centrales al judaísmo.

CREENCIAS

Un Dios

El judaísmo es una religión monoteísta. La creencia judía en un Dios personal que establece un pacto con la humanidad aparece a través de la Biblia hebrea. En Deuteronomio 6.4, por ejemplo, el pueblo judío encuentra una afirmación de su fe monoteísta: «Escucha [Shemá] oh Israel, el SEÑOR es nuestro Dios, el SEÑOR uno es».

El Shemá es más que una simple afirmación de la unicidad de Dios. Revela también el nombre personal de Dios. El Tetragrámaton (cuatro letras) YHWH, que traducimos en español como «SEÑOR» y que los eruditos pronuncian «Yavé», es el nombre propio de Dios, revelado a Moisés en la zarza ardiendo (ver «Orígenes e historia antigua»). Muchos judíos creen que YHWH es demasiado santo como para pronunciarlo. En su lugar ellos han sustituido el título Adonai («SEÑOR») cuando YHWH aparece en el texto hebreo. Algunos judíos no escriben el nombre *Dios* y en lugar de ello escriben *D–s* como signo de reverencia.

Pacto

El Shemá encierra la creencia en el pacto, que consiste en un acuerdo único entre Dios y la humanidad y que es una creencia fundacional en el judaísmo. Los pactos en la Biblia incluyen el pacto abrahámico (Génesis 11) y el pacto mosaico (Éxodo 20) entre otros. Estos dos pactos proveen una base significativa para las prácticas y creencias judías respecto al espacio sagrado. Estos dos pactos son condicionales; es decir, ellos son pactos «si hacéis tal, entonces tal ocurrirá» en los que se espera que ambas partes cumplan con algo para recibir algo específico a cambio. El pacto abrahámico, por ejemplo, le promete al patriarca un territorio (Canaán) y numerosos descendientes si todos los miembros masculinos de la comunidad son circuncidados. De la misma manera, el pacto mosaico es una extensa colección de reglamentos interpersonales de sacrificios y comunidad que permiten al pueblo judío vivir en una relación única con Dios.

Obediencia a la Torah de Dios

La adhesión a los mandamientos mosaicos revelados en la Torah es otra característica distintiva de la creencia judía. La palabra *Torah* se refiere a los mandamientos mismos, los cinco primeros libros de la Biblia hebrea colectivamente (ver «Textos»,) y la interpretación de estos mandamientos en el judaísmo posterior (llamado a menudo la Torah Oral). Los mandamientos de la Torah son una serie de reglas que se relacionan con la dieta y la propiedad conocidas como kosher, ley o kashrut. Por ejemplo, la ley levítica ordena a los creyentes abstenerse de comer cerdo, mariscos y otras comidas «impuras» (Levítico 11). La ley prohíbe también mezclar las fibras (Levítico 19,) tener contactos con cadáveres (Levítico 15) o tocar cosas que hayan estado en contacto con mujeres durante su menstruación (Levítico 21).

Para los de afuera, estos pueden parecer ser reglas arbitrarias, pero en el contexto del judaísmo, aquellas proveen una estructura, estabilidad y un sentido de propósito incluso para las tareas más cotidianas. Adicionalmente, mucho como es con la circuncisión, las leyes denominadas «kosher» son un recordatorio visible de la distinción entre los que pertenecen a la comunidad del pacto de Dios y los que se encuentran afuera (llamados gentiles). Los mandamientos que se relacionan con la kashrut permanecen como algo importante para muchos de la comunidad judía de hoy, especialmente para los ortodoxos, ultraortodoxos, hasidianos y algunos grupos conservadores (ver «Grupos»).

La tierra

Aunque no es necesariamente una creencia, muchos del pueblo judío comparten una profunda reverencia por la Tierra Prometida a Abraham y sus descendientes. Esta tierra, conocida como Canaán y llamada posteriormente Israel o Palestina, cambió de dueños muchas veces a través de los milenios debido a su posición geográfica estratégica entre las potencias de la época que deseaban tener el control al acceso al Asia, Europa y África (ver mapa). Sin embargo, para el pueblo judío, la tierra tenía un significado teológico importante; no solo la tierra tenía una conexión con el pacto de Abraham, sino con Israel que también incluía la ciudad de Jerusalén, la ciudad de David. Jerusalén tiene significado religioso para los cristianos y musulmanes, pero para los judíos, la ciudad es importante como la sede del primer y del segundo templo.

Imperio asirio (650 A.E.C.)

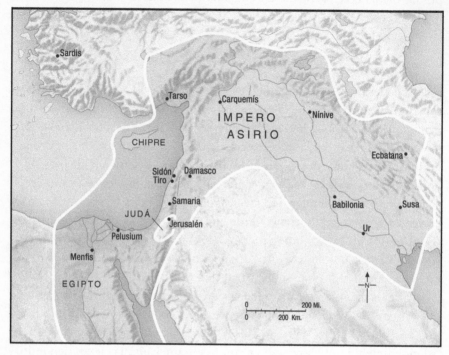

© Thomas Nelson, Inc.

El templo

El primer templo, construido por el Rey Salomón, se mantuvo por cuatrocientos años (ver «Orígenes e historia antigua»). El primer templo fue un símbolo de Sión, la creencia del pacto de que YHWH moraba de una manera singular en el templo y protegía la tierra que era gobernada por una dinastía davídica duradera. La creencia en Sión persistió incluso después que el primer templo fue destruido y el pueblo judío sufrió el exilio de los neobabilonios. Sin embargo, el significado de Sión cambió para referirse a una realidad futura en la que el pueblo celebraría la restauración de la monarquía davídica. El segundo templo comenzó bajo el reinado del rey Ciro de Persia aproximadamente en el 536 A.E.C., y se expandió durante las ocupaciones griega y romana, siendo destruido finalmente por el ejército romano en el 70 E.C. Lo que queda de la muralla occidental es un sitio de peregrinaje para el pueblo judío, así como para cristianos que recuerdan el templo que existió en el tiempo de Jesús.

Textos

A través de su larga historia, los judíos desarrollaron historias, leyes, poesía, anuncios proféticos y otras tradiciones orales. Recogidas en el canon judío,

El templo de Salomón

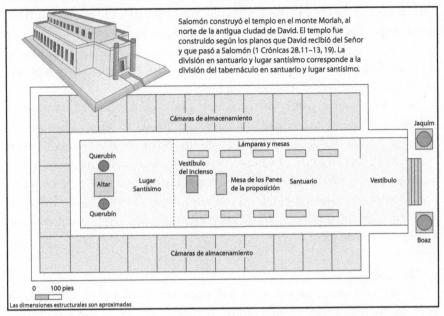

Salomón construyó el templo en el monte Moriah, al norte de la antigua ciudad de David. El templo fue construido según los planos que David recibió del Señor y que pasó a Salomón (1 Crónicas 28.11–13, 19). La división en santuario y lugar santísimo corresponde a la división del tabernáculo en santuario y lugar santísimo.

Cámaras de almacenamiento

Jaquím

Lámparas y mesas

Querubín

Vestíbulo del incienso

Altar

Lugar Santísimo

Mesa de los Panes de la proposición

Santuario

Vestíbulo

Querubín

Boaz

Cámaras de almacenamiento

0   100 pies

Las dimensiones estructurales son aproximadas

Nelson's Complete Book of Bible Maps and Charts © 1993 por Thomas Nelson, Inc.

estas tradiciones se preservaron mayormente en hebreo. Un canon es un grupo autoritativo de escritos con un significado sagrado para cierta comunidad. El canon judío se llama El Tanaj lo cual es un acrónimo para las tres secciones del canon: La Torah (la Ley), los Nevi'im (los Profetas) y los Ketuvim (las Escrituras).

La Torah como Escritura

La Torah es la primera sección de la Biblia hebrea, y contiene los libros de Génesis, Éxodo, Levítico y Deuteronomio. En tanto que La Torah se traduce como «ley», y aunque los tres últimos libros en la Torah contienen grandes secciones de la ley del pacto dadas a Moisés, no todo en la Torah es código legal. Esta sección de la Biblia hebrea contiene también historias de los orígenes humanos, de los patriarcas y matriarcas, la liberación de los esclavos hebreos de Egipto y mucho más. Para los judíos, la Torah es central a su fe; es tan importante para la identidad judía que en el transcurso de un año, todo el texto de la Torah será leído en la sinagoga.

La segunda sección de la Biblia hebrea, llamada los Nevi'im, contiene libros que los cristianos categorizan como narrativa histórica (Josué, Jueces, Samuel y Reyes) y los libros proféticos (Isaías, Jeremías, Miqueas, etc). Los eventos de los Nevi'im se corresponden en general con el período en el cual los judíos estaban «en la tierra» de Canaán, primero como una confederación de doce tribus, luego como un reino unido, y finalmente como un reino dividido por potencias extranjeras. Sin embargo, los estudiosos creen que los libros proféticos se coleccionaron y preservaron en forma escrita mucho después de los eventos descritos, con toda probabilidad en el tiempo del exilio babilónico (ver «Orígenes e historia antigua»).

Los Ketuvim, la colección final del Tanaj, es también literariamente diversa. Los libros de los Ketuvim incluyen poesía (Salmos, Cantares de Salomón), literatura de sabiduría (Proverbios, Eclesiastés) e historias breves (Ester, Rut), entre otras. Esta tercera categoría incluye también obras que fueron reclasificadas en el canon cristiano como históricas o proféticas como los libros de las Crónicas y Daniel. En conjunto con la Torah y los Nevi'im, los Ketuvim completan la colección de los veinticuatro libros que comprenden la Escritura sagrada judía.

Rituales

Como con tantos aspectos del judaísmo, ceremonias rituales y ritos de paso están relacionados con eventos significativos en la historia bíblica. Algunos rituales son eventos sagrados que se repiten diariamente, en la semana, en el mes o cada año. Otros ritos importantes son eventos que ocurren solo una vez en la vida de una persona.

Prácticas

Los rituales diarios enfatizan la relación de pacto con Dios que es tan importante en el judaísmo. Mantener el kosher, o distinguir entre las comidas limpias e inmundas y las conductas, se basa en la ley mosaica. Los rituales de oración diaria incluyen la recitación de la Shemá del libro de Deuteronomio, así como el uso del kipá para cubrir la cabeza, el tefilin (estuches de cuero que contienen la Torah) y el tallit (manta cuadrada) que se une en las esquinas con tzitzits (hilos trenzados y anudados, ver ilustración). El uso de estas prendas de vestir se basa en los mandamientos de la Torah en Números 15.38–40 y Deuteronomio 6.8. En tanto que las oraciones diarias pueden hacerse individualmente, los grupos se juntarán a menudo a diario en las sinagogas para una oración común. Un minyan, o mínimo de diez adultos (solo hombres en las sinagogas ortodoxas) se necesita para este tipo de oración.

Días santos

La celebración más importante del ritual semanal en judaísmo es la celebración del Sabbat o día de descanso. El Sabbat recuerda el primer relato de la creación del Génesis, en que Dios descansó después de los seis días de la creación del universo (Génesis 2.3-4). Puesto que la historia describe los días de la creación como comenzando en las tardes, el Sabbat comienza al atardecer de los viernes y dura hasta el atardecer del sábado.

Una cena familiar introduce el Sabbat vespertino, a lo que sigue una bendición y el encendido de las velas; los judíos devotos se dedican a la oración y a la adoración absteniéndose de trabajar de acuerdo a otro mandamiento de la Torah (Éxodo 20.8-10). La definición de lo que constituye «trabajo» varía, sin embargo. Para algunas personas, abstenerse de trabajar significa pasar tiempo con la familia y dedicarse al estudio de la Torah mientras pueden disfrutar de algunas comodidades modernas; otros definen el trabajo de una manera estricta y se abstienen de utilizar aparatos modernos, de conducir vehículos, de cocinar e incluso de pulsar botones en los elevadores. Un entendimiento de lo que constituye trabajo, así como la adoración observada en el Sabbat, se relaciona a menudo con el grupo al que se pertenezca dentro del judaísmo (ver «Grupos»).

La mayoría de los rituales anuales se relacionan con mandatos bíblicos. El año religioso judío comienza con el otoño, con la celebración del Rosh Hashanah (que quiere decir «cabeza del año»). En la Biblia, Rosh Hashanah se llama Son de Trompetas (Levítico 23.24; Números 29.1). En un servicio de la sinagoga moderna, el shofar (cuerno de becerro) todavía se usa para llamar al pueblo a un tiempo de reflexión sobre las faltas del pasado año. Diez días de contemplación, reflexión y arrepentimiento siguen al Ros Hoshanah, conduciendo al Yom Kippur (el Día de la Expiación). El Yom Kippur se describe también en la Torah como un «día para humillar las almas» (Levítico 16.29). Los servicios del Yom Kippur duran a lo largo del día, y las actividades incluyen la lectura del libro de Jonás y la oración por el perdón y la reconciliación con Dios. El pueblo a menudo ayuna durante todo el día, de atardecer a atardecer, a veces absteniéndose incluso de beber agua, como signo de arrepentimiento. Juntos, estos dos días constituyen los Días de Asombro, los días santos más importantes del año religioso.

La Pascua, otro ritual anual, se celebra en la primavera. Este día recuerda el éxodo de Egipto (ver «Orígenes e historia antigua»). Mientras los Días de Asombro enfatizan la adoración en la sinagoga, la Pascua se centra más en la familia y una comida seder en el hogar. En el orden de esta comida, se rememoran los eventos del Éxodo tanto en forma verbal como a través de la comida. El plato seder (ver ilustración,) una parte central de la comida, incluye tradicionalmente una parte de un cordero, representando la sangre del cordero pintada en los dinteles de las casas de los hebreos en la noche de la primera Pascua; un huevo, simbolizando la nueva vida; hierbas amargas conmemorando las amarguras de la esclavitud en Egipto; Jaroset, una manzana y chutney de canela representando el mortero usado para construir cuando los hebreos eran esclavos; y una verdura verde como el perejil mojado en agua salada recordando las lágrimas de los esclavizados. Junto con estas comidas tradicionales, la historia de la liberación se cuenta una y otra vez en forma de preguntas y repuestas, con un niño preguntando a los adultos qué es lo que hace esta noche de Pascua «diferente de todas las otras noches».

Mientras estos tres días santos constituyen las celebraciones más importantes en el año judío, los no judíos (especialmente en Estados Unidos) están más familiarizados con Janucá, la fiesta invernal de las luces. Es importante que los no judíos reconozcan que Janucá no es una versión judía de la Navidad, aunque las dos fiestas ocurren a menudo al mismo tiempo del año. En cambio, Janucá es una fiesta de liberación política y religiosa, recordando una historia en el libro de los macabeos sobre una rebelión bajo el Imperio griego en el año 164 A.E.C. (ver «Judaísmo posbíblico»). Los macabeos son importantes escritos históricos judíos que no se incluyen en el Tanaj, pero que aparecen en los libros apócrifos cristianos. Cuando el ejército griego profanó el segundo templo al ofrecer sacrificios inmundos a Zeus, un grupo de fieles judíos retomó el templo y lo protegió lo suficiente como para dedicarlo de nuevo a Dios. De hecho, la palabra *Janucá* significa «rededicación».

Para hacer del templo un lugar sagrado otra vez, los revolucionarios macabeos necesitaban mantener la menorá, el candelabro, encendido por ocho días; desafortunadamente solo había aceite para un día. Sin embargo, el aceite duró milagrosamente ocho días, permitiéndoles a los judíos revolucionarios tomar de nuevo el templo. A partir de esta historia, la celebración de la Janucá se desarrolló como para incluir el encendido de las velas cada noche. Los niños también juegan un juego con dreidel (perinolas) que en la parte superior llevan las letras hebreas *nun, guímel, he* y *sin* que representen la frase hebrea «Algo grande ocurrió allí [el templo] en hebreo». Los niños giran la perinola (trompo) y colectan o dan gelt (monedas, a menudo chocolates cubiertos en papeles dorados) basado en la letra en que se detiene el dreidel cuando cesa de rodar.

Se celebran muchos otros días especiales de menor importancia a través del año religioso y muchos de ellos se basan en eventos claves de la Biblia y a través de la historia judía. En el otoño, después de los Días de Asombro, el pueblo recuerda cómo los hebreos divagaron en el desierto habitando en tabernáculos o tiendas fuera de sus casas y sinagogas. Este festival se conoce como Sucot (que significa «cabañas») y muchas familias tienen sus comidas u oraciones en sus sukkaks o tabernáculos. En la primavera, los judíos recuentan la historia de Ester con disfraces y jolgorio en el festival de Purim y se recuerda a YHWH entregando la Torah a Moisés en Shavu'ot o monte Sinaí.

Expansión de Palestina bajo los macabeos

© Thomas Nelson, Inc.

Ritos

Puede quenua persona judía celebre los días santos muchas veces, pero otros rituales se celebran solo una vez para marcar una transición de una etapa de la vida a otra. Estos eventos se llaman ritos de paso y comienzan para una persona judía inmediatamente después del nacimiento. Ocho días después que nace un niño varón, la familia judía tendrá un bris milah, o un pacto de circuncisión. Una persona entrenada especialmente llamada un mohel realiza el bris en una sinagoga o en la casa de la familia. En algunas familias judías, una ceremonia para otorgar un nombre a las niñas, llamada Simchat Bat o Brit Bat, también se realiza dentro del primer mes de vida.

Cuando un niño llega a una edad apropiada para tomar sus obligaciones religiosas de la Torah para sí mismo, ocurre un segundo rito de paso: el Bar o Bat Mitzvah. La palabra *mitzvah* significa mandamiento, y al llegar a la edad del rito, un joven (por lo general de trece años de edad) es declarado responsable de los mandamientos de la Torah. En muchos bar o bat mitzvot, el joven leerá en hebreo una porción de la Torah que él o ella ha preparado con la ayuda del rabino de la sinagoga y del cantor. El cantor es la persona que canta las escrituras en un servicio de la sinagoga. Históricamente, solo los jóvenes hombres participaban en una bar mitzvah (que significa «hijo del pacto»), y esto permanece así en las comunidades judías ortodoxas (ver «Grupos»). Sin embargo, algunas comunidades judías han comenzado a celebrar un rito similar para las jóvenes mujeres (el bat mitzvah, o «hija del pacto»).

El matrimonio es también un rito de paso en el judaísmo. En el rito matrimonial, la pareja se casa debajo de una chuppa (una cubierta), que representa el nuevo hogar que la pareja compartirá y que recuerda la historia de Rebeca e Isaac en la que la pareja se unió en matrimonio cuando él la llevó a la tienda de su madre (Génesis 24.67). La ceremonia incluye un intercambio de votos y anillos, como sucede en otras muchas tradiciones religiosas, aunque incluye la firma de un ketubah (contrato matrimonial) y el rompimiento de un vaso al final del servicio. Esta es una tradición de origen disputada, pero algunos creen que el rompimiento del vaso es un recordatorio para los participantes que aunque es un tiempo de gran alegría el que se celebra, el templo todavía permanece en ruinas.

La solemnidad de la muerte está marcada también por varias prácticas tradicionales judías. Cuando un miembro de la familia muere, los miembros de la familia estarán sentándose Shiva por siete días, recibiendo a los visitantes y recordándoles la vida del que ha partido. Un miembro de la familia sentándose shiva cubrirá todos los espejos para evitar la vanidad y solo tener presente la vida del que ha partido, no se usarán zapatos, y se sentarán en taburetes bajos y romperán los bordes o bolsillos de su ropa. Esta última práctica se mantiene en orden con la tradición bíblica de romper, o rasgar las vestiduras cuando se está de duelo.

Judaísmo posbíblico

La historia bíblica del judaísmo termina con la construcción del segundo templo porque es el último evento histórico mencionado en las escrituras judías. Este templo se convirtió en un tema central en los siguientes quinientos

El Imperio griego de Alejandro Magno
(Daniel 2, 7, 8, 11)

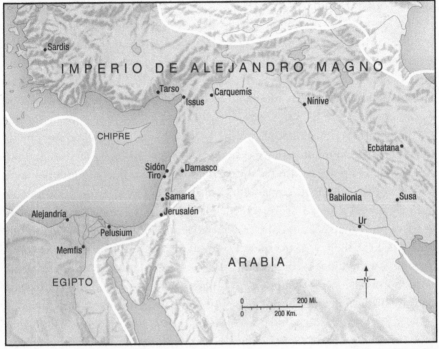

© Thomas Nelson, Inc.

años del judaísmo posbíblico ante la invasión y abarcando las conquistas de Palestina por los persas, griegos y romanos. La reconstrucción del templo se convirtió en una fuente de conflictos para Grecia y Roma, conduciendo a la rebelión y finalmente a su destrucción.

A mediados del siglo tercero A.E.C., Alejandro Magno extendió el Imperio griego sobre el territorio judío, lo que se tradujo en la diseminación de la cultura y valores griegos (llamado helenismo) en los territorios que él conquistó, incluyendo Judea. Los valores helenísticos no fueron bien recibidos por muchos judíos, en tanto que entraban en conflicto con el monoteísmo (ver «Creencias»). En los años 100 A.E.C., líderes locales griegos en Judea ordenaron al pueblo judío que se sometieran a los valores helenísticos; esto incluía el que se mantuvieran incircuncisos, que comieran comidas prohibidas en violación a las leyes kosher y a que adoraran los dioses griegos. Según los macabeos, el líder griego del segundo siglo Antíoco IV exigió que los judíos lo llamaren Epífanes («Dios se ha manifestado») e instruyó a su ejército para que sacrificara un cerdo a Zeus en la parte más sagrada del templo judío. Tal profanación horrorizó de tal manera a muchos judíos que se rebelaron y volvieron a tomar el templo para hacerlo un lugar sagrado nuevamente. Estos eventos forman parte de la fundación de la milagrosa rededicación del templo que se conmemora durante Janucá (ver «Prácticas» y «Días santos»).

La limpieza del templo marcó el comienzo de un breve período de independencia, llamado el Período hasmoneo. Durante este tiempo, la familia macabea que lideró la revuelta contra el helenismo estableció un sacerdocio en el templo y llegó a ser una autoridad. Este período duró hasta que los hasmoneos se aliaron con los romanos, cayendo nuevamente bajo la ocupación extranjera en el año 63 A.E.C.

Bajo el Imperio romano, la política oficial hacia el judaísmo fue una de tolerancia debido a que judaísmo se miraba como una religión antigua. Sin embargo, en la práctica, Roma a menudo persiguió al pueblo judío por sedición y por no adorar al emperador. Sin que fuera una sorpresa, el pueblo judío comenzó a articular una creencia en un Mesías quien les liberaría de la opresión romana. La palabra *mesías* se deriva de la hebrea *meshiakh*, que quiere decir «ungido». Esta esperanza mesiánica reflejaba un deseo de volver al gobierno ungido y escogido de la descendencia de David. El mesianismo llegó a asociarse al apocalipticismo o la creencia que el mundo controlado por el mal sería derrotado por el bien y que habría un nuevo orden bajo el gobierno del Mesías escogido por Dios. Algunos judíos se vieron a sí mismos como viviendo en este tiempo apocalíptico, y procuraron derrotar el gobierno romano violentamente. En respuesta a las numerosas rebeliones entre los años 60 A.E.C. y 60 E.C., el ejército romano sitió a Jerusalén y destruyó el segundo templo en el año 70 E.C.

El templo no se reconstruyó, y poco después de su destrucción, los romanos dispersaron al pueblo judío de su madre patria. Durante este período de diáspora, los judíos se establecieron en comunidades en Europa, Asia y el norte del África. En esos lugares, el pueblo renovó el judaísmo. Antes, el judaísmo había enfatizado ciertas creencias y prácticas que se relacionaban con el templo, según estaban esbozadas en la Torah. Por ejemplo, los judíos a menudo hacían peregrinaciones al templo y ofrecían sacrificios con la asistencia de los sacerdotes del templo, con reverencia por la presencia del Dios en el lugar santísimo dentro del templo. Sin embargo, después del año 70 E.C., el judaísmo tenía que a adaptarse a un mundo sin el templo de Jerusalén. Las sinagogas o lugares para reunión y oración llegaron a ser muy importantes. La Torah tomó un lugar más central y se les dio una gran autoridad a los intérpretes de la Torah. Estos maestros llamados rabís se convirtieron en los líderes del judaísmo posterior al segundo templo, así que el período de la diáspora se llama a menudo como el comienzo del judaísmo rabínico.

Durante este período, los rabís hicieron dos contribuciones claves al judaísmo moderno: la canonización final del Tanaj (ver «Textos»,) y el desarrollo de la interpretación de la Torah conocido como Mishnah y Talmud en los siglos posteriores. Estas interpretaciones ayudaron para que el judaísmo pudiera mantenerse en la diáspora ya que hicieron que las Escrituras fueran relevantes para los creyentes, no importando el lugar donde tuvieran que vivir. Los rabís ayudaron a los judíos en la diáspora en cómo podían observar el descanso sabático. Ellos contestaron las preguntas del pueblo de por qué Dios exigió que Abraham sacrificara a Isaac.

Otras dos tradiciones religiosas se desarrollaron del texto sagrado y la creencia judía en el monoteísmo. El cristianismo creció de una secta del judaísmo que creía que Jesús de Nazaret era el Mesías. Después de la destrucción del templo, estos dos grupos comenzaron el proceso de separación uno del otro, con el cristianismo enfatizando la inclusión de los gentiles (personas no judías) y desarrollando sus propias Escrituras (el Nuevo Testamento cristiano). A medida que el cristianismo crecía en importancia y llegó a convertirse en la religión oficial del Imperio romano, muchos cristianos comenzaron a mirar al pueblo judío como herejes basados en una interpretación equivocada del evangelio cristiano de Mateo. Los cristianos por lo general atacaron a sus vecinos judíos en pogromos, tal odio siendo alimentando en rumores falsos que los judíos causaron la muerte de Cristo o que originaron la peste negra. Muchos judíos fueron deportados de tierras controladas por cristianos, o forzados a vivir en pequeñas comunidades llamados guetos.

Islam es otra religión que reconoce al mismo Dios y los profetas como el judaísmo y el islam saca muchas de sus tradiciones de tradiciones judías y cristianas no canónicas que circulaban en Arabia. A medida que islam se esparcía desde el Medio Oriente a Europa y al norte de África, tuvo también un impacto en la diáspora judía. En general, la interacción entre judaísmo e islam fue más pacífica que entre cristianismo y judaísmo. En España, por ejemplo, los musulmanes gobernaron con tolerancia sobre la población judía por casi 700 años comenzando en el 711 E.C. La coexistencia pacífica terminó con la llegada del gobierno cristiano y la expulsión o conversión forzada de los musulmanes.

A medida que el judaísmo ingresaba en la era moderna, los líderes judíos comenzaron a preguntarse cuál sería la mejor manera de hacer frente al mundo moderno. Algunos como Moisés Mendelssohn (1729–86) pidieron a los judíos a abrazar la modernidad y convertirse en participantes activas en la filosofía, erudición, ciencia y actividades culturales de los europeos. Al hacer esto, él creía que el pueblo judío evitaría o dejaría atrás la segregación de sus vecinos cristianos. Otros no estaban de acuerdo, sin embargo, llamando a los judíos a mantener sus interpretaciones tradicionales de los mandamientos bíblicos y a resistir la integración en la sociedad gentil. Samson Raphael Hirsch (1808–88) fue uno de estos tradicionalistas. De estas dos visiones diferentes tenemos dos diferentes sectas: Judaísmo reformado y (neo) Ortodoxo (ver «Grupos»).

No obstante no importando la manera en que ellos decidieron acercarse a la modernidad, el pueblo judío encontró de todas maneras que la relación con sus vecinos en Europa fue difícil y amarga, si no rotundamente odiosa. El Holocausto bajo el régimen de Hitler en la Segunda Guerra Mundial es el mejor ejemplo del **antisemitismo** (sentimientos y acciones antijudías) durante el siglo veinte. Sin embargo, incluso antes que el Holocausto, los judíos a través de Europa fueron conducidos a guetos, enfrentando acusaciones que cargaban enfermedades o que habían conspirado para destruir las comunidades cristianas. Adicionalmente, los cristianos europeos continuaron catalogando a los judíos como herejes y asesinos de Cristo. Los judíos sufrieron económicamente y no tuvieron reparación política en la mayoría de las naciones europeas. Así, el Holocausto, puede haber sido la culminación de un odio alimentado a lo largo de un siglo, el peor ejemplo entre muchos. Pero el Holocausto, en el que millones de judíos fueron muertos por el régimen Nazi, fue un llamado de atención para los europeos y americanos que fallaron en salir en su defensa. Como fruto de este evento horrible se produjo la voluntad de parte del mundo occidental de proteger a los judíos de futuras atrocidades resultando en la creación del moderno estado de Israel.

Como se ha notado previamente, el pueblo judío fue obligado a abandonar palestina durante el gobierno romano y tuvo que moverse en un amplio espacio del mundo mediterráneo. Sin embargo, como la persecución en Europa crecía, muchos judíos exigieron un regreso a su tierra y al reestablecimiento de un estado judío allí. Theodor Herzl (1860–1904) fue uno de los primeros en promover públicamente el sionismo, un movimiento de apoyo a la organización de un estado judío independiente centrado en Jerusalén. Después de la Segunda Guerra Mundial y de los horrores del Holocausto, el sentimiento internacional era tal que se dio a su debido tiempo para la realización del sueño de Herzl. En 1948, Inglaterra entregó su protectorado palestino, y las Naciones Unidas lo declararon el moderno Estado de Israel.

Por supuesto, este territorio no estaba deshabitado cuando las Naciones Unidas hicieron esta declaración. Los cristianos habían vivido allí desde el primer siglo E.C., y los musulmanes desde el siglo séptimo; ambos reclamaron la ciudad de Jerusalén como una ciudad santa y también lo hicieron los judíos. Al entregar los territorios al nuevo Israel, muchos cristianos y musulmanes palestinos fueron obligados a buscar refugio en campamentos o en países vecinos. Como resultado, el conflicto ha continuado acerca de la existencia de

Israel, el control de Jerusalén y los derechos de musulmanes y cristianos refugiados que aún viven en campamentos.

DEMOGRAFÍA

Grupos

A medida que el judaísmo se desarrolló a través de los siglos, también se desarrollaron distintas maneras de practicar la religión. Ya hemos visto como la fe judía se adaptó a la destrucción de los dos templos, las necesidades de la diáspora, la persecución en Europa, la emigración y el desarrollo del estado de Israel. Estas adaptaciones resultaron algunas veces en divisiones formales o en la creación de sectas diferentes: grupos pequeños con creencias o prácticas singulares. En tanto que sería muy difícil describir toda la diversidad que existe hoy en el judaísmo, a continuación tenemos cuatro de los grupos más grandes para dar una breve descripción de lo que les hace distintivos.

El judaísmo Ortodoxo reclama la continuidad histórica de todos los grupos judíos, basado en la Torah y en el judaísmo rabínico que se desarrolló después de la destrucción del segundo templo. Los judíos ortodoxos practican una interpretación estricta de la Torah, cumpliendo sus mandamientos de la forma más literal posible. Por ejemplo, las instrucciones para mantener el kosher y descansar en el Sabbat se mantienen con reverencia. En la sinagoga, los hombres y mujeres se sientan separadamente para evitar distracciones durante la oración y las mujeres no pueden ser rabinos. La adoración del Sabbat se mantiene los sábados y la reunión es enteramente en hebreo.

Se dan pequeños grupos dentro del judaísmo ortodoxo. El hasidismo, una forma de creencia ultra ortodoxa, se desarrolló a partir de 1800 en Europa bajo la dirección de Baal Shem Tov (un título que significa «maestro del buen nombre») quien insistió que el judaísmo debe mirar dentro de sí. Él creía que la observación estricta de la ley debía permanecer como algo central en la vida judía, pero también era importante un énfasis místico: amar a Dios con todo el corazón y responder alegremente a ese amor. Así, el judaísmo hasidiano se asocia hoy a la práctica ortodoxa al mismo tiempo que enfatiza una profunda comunión con Dios. Muchos judíos hasidianos se han establecido en el moderno estado de Israel respondiendo a su creencia que el Mesías llegará un día para retomar la ciudad de Jerusalén y establecer un nuevo templo allí.

El judaísmo reformado se desarrolló durante el Renacimiento europeo. Confrontado con el desafío de la modernidad, muchos judíos pensaron que las exigencias de la Biblia y Talmud hebreos ya no podían mantenerse. Moisés Mendelssohn fue quien articuló estas creencias estupendamente, haciendo un llamamiento para una reforma entre los judíos de Europa para poder facilitar la integración con sus vecinos cristianos. Desde aquel tiempo, los judíos reformados han continuado esta tradición de integración y cambio, y muchos de estos cambios son evidentes en el culto. Por ejemplo, las sinagogas en la tradición reformada utilizan muy poco hebreo en el culto, escogiendo en su lugar el lenguaje que se utiliza en la comunidad donde viven. La reunión se tiene los viernes por la tarde y los hombres y mujeres se sientan juntos, a diferencia de lo que se hace en el servicio ortodoxo. La tradición reformada en Estados Unidos fue la primera en ordenar a una mujer en la comunidad judía en 1972. En su práctica ritual, los judíos reformados generalmente no siguen el kosher, permiten algún tipo de trabajo en el Sabbat, no esperan un Mesías político o la edificación de un templo en Jerusalén. La tradición reformada tiene la mayor cantidad de grupos judíos de Europa y Estados Unidos.

Sin embargo, algunos judíos en Estados Unidos creen que el judaísmo reformado cambió mucho de la tradición ortodoxa, al mismo tiempo que reconocen que algunas creencias y prácticas estaban limitadas en el mundo moderno. Estos judíos, bajo el liderazgo de Sabato Morais, establecieron el Seminario Teológico de Estudios Judíos en la ciudad de Nueva York, y este seminario ha sido el centro de un tercer movimiento, el judaísmo conservador. Los judíos conservadores buscan un punto intermedio entre lo que se percibe como los extremos tanto de los grupos ortodoxos, como de los reformados, afirmando que la ley bíblica es a la vez eterna y mutable.

Un desarrollo más reciente es el cuarto grupo que se denomina judaísmo reconstruccionista que comenzó en 1920 bajo el liderazgo del Rabbi Mordecai Kaplan. La comunidad judía reconstruccionista busca, reclama y enfatiza la contribución cultural del pueblo judío. Kaplan afirmó de una forma singular que la tradición (como la Torah o la interpretación rabínica) tiene «un voto, pero no un veto». Así, en tanto que reconoce la Torah y su importancia histórica en la influencia de la cultura judía, un reconstruccionista no se siente obligado a guardar sus mandamientos. En lugar de ello enfatiza la importancia de la comunidad y la participación de la cultura heredada del pueblo judío.

COMPRENDER EL JUDAÍSMO

El pueblo judío tiene por sobre todas las cosas un profundo sentido de la historia lo cual le da su identidad y sistema de creencias. El texto principal del judaísmo, el Tanaj, le cuenta una y otra vez las más antiguas historias del pueblo y lo conecta con sus creencias y prácticas. A través de su historia, la fe judía ha encontrado muchas dificultades y en el tiempo ha cambiado de una religión centrada en el templo a una religión rabínica. En la era moderna, la experiencia de la persecución y el Holocausto ha renovado un énfasis en la importancia de la tierra de Israel. Seguramente el pasado ha hecho del judaísmo lo que es hoy día.

LECTURAS ADICIONALES

Finkelstein, Israel y Amihai Mazar. *The Quest for the Historical Israel: Debating Archaeology and the History of Early Israel*. Atlanta: Society of Biblical Literature Press, 2007.

The Jewish Bible: Tanakh: The Holy Scriptures. Filadelfia: Jewish Publication Society, 2003.

Kaplan, Mordecai. *Judaism as a Civilization: Toward a Reconstruction of American-Jewish Life*. Filadelfia: Jewish Publication Society, 2010.

Lundquist, John M. *The Temple of Jerusalem: Past, Present, and Future*. Westport, CT: Greenwood Publishing, 2008.

Neusner, Jacob. *A Short History of Judaism: Three Meals, Three Epochs*. Minneapolis: Augsburg Fortress, 1992.

Shermer, Michael y Alex Gobman. *Denying History: Who Says the Holocaust Never Happened and Why Do They Say It?* Los Ángeles: University of California Press, 2000.

Strassfeld, Michael y otros. *The Jewish Holidays: A Guide and Commentary*. Nueva York: Harper and Row, 1985.

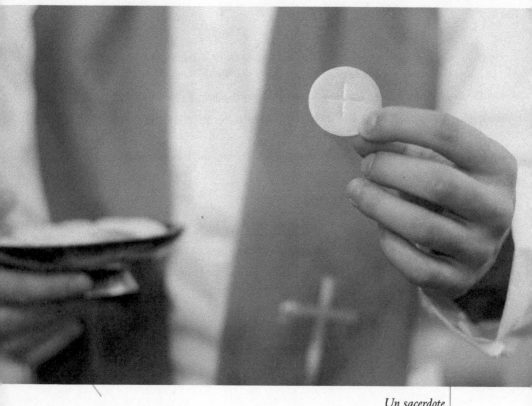

*Un sacerdote
sosteniendo
una hostia*

CRISTIANISMO

INTRODUCCIÓN

El cristianismo surgió del judaísmo, y las dos tradiciones siguen teniendo mucho en común. Sin embargo, a lo largo de 2,000 años de historia del cristianismo, los cristianos han establecido muchas nuevas creencias, prácticas, escritos y tradiciones. Hoy, aunque existen algunos ideales comunes que unen la tradición, el cristianismo está marcado mucho más por la diversidad que por su semejanza. En este capítulo se abordará la rica diversidad de creencias y prácticas cristianas, dónde se originaron, y qué impacto ha tenido esta diversidad en los creyentes de hoy.

HISTORIA

Judea bajo el control romano

Durante la época del nacimiento de Jesús, el Imperio romano fue muy extendido y poderoso. Roma controlaba los territorios que rodeaban el Mediterráneo, extendiéndose hasta África, Europa y el Medio Oriente. Entre los protectorados del imperio había una pequeña franja de tierra a lo largo de la orilla oriental del mar llamado Judea. Esto era de importancia histórica para el pueblo judío, ya que se encontraba su templo santo en la ciudad capital de Jerusalén. Roma gobernó sobre este protectorado como lo hacía con el resto de su imperio; se esperaba obediencia al emperador, y los actos de rebelión eran castigados severamente.

Los judíos que vivían en Judea luchaban con las exigencias a la obediencia romana. En Roma, el deber cívico se comparaba con la reverencia religiosa hacia el emperador. Debido a que los judíos eran estrictos monoteístas, el culto al emperador o el uso de monedas con su imagen eran formas de idolatría. Además, el control romano sobre Jerusalén interfería con un pacto bíblico afirmando que un rey del linaje de David algún día iba a reinar allí. Por esta razón, el pueblo judío imaginaba un día futuro cuando la dominación romana terminaría, y un ungido rey-mesías daría paso a un nuevo reino ordenado por Dios.

La vida de Jesús

La información sobre la vida de Jesús no fue escrita durante su vida, en parte debido a esta expectativa mesiánica. Aquellos quienes creían que Jesús era el mesías se basaban en la comunicación oral y no escrita para compartir esta convicción, ya que pensaban que el fin del mundo se acercaba rápidamente, y la palabra hablada podría alcanzar un mayor número de personas. Sin embargo, cuando la primera generación, los que conocieron a Jesús comenzaron a morir, y la esperada escatón (fin del mundo) no había llegado, los

El territorio de los Evangelios

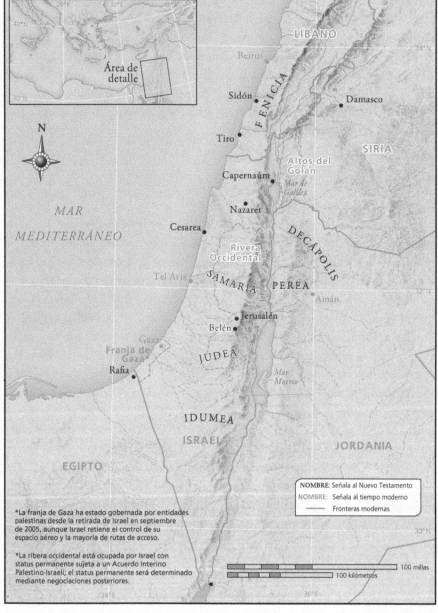

© GeoNova

creyentes comenzaron a recopilar historias de la vida de Jesús, sus enseñanzas, y su muerte en evangelios. La palabra «evangelio» está relacionada con el mundo griego *euangelion*, o «buenas noticias». Con el tiempo, los cristianos canonizaron solo unos cuantos de estos evangelios, dando autoridad final a cuatro libros de los muchos que se produjeron durante los primeros siglos del cristianismo (ver «Textos sagrados»).

Solo dos de los evangelios canónicos, Lucas y Mateo, hablan del nacimiento de Jesús. Estos dos relatos difieren en muchos detalles, pero también comparten algunos temas en común. Jesús nace en Belén, la ciudad de David, sus padres son María y José, el último es del linaje de David, y su nacimiento coincide con un censo romano, realizado para efectos fiscales en las regiones externas del Imperio romano. Los escritores de los evangelios deseaban destacar tanto la persecución de Roma y la conexión davídica con Jesús, y al hacerlo, destacan las implicaciones mesiánicas del nacimiento de Jesús. Sin embargo, lo que los autores no transmiten, es cuándo se llevó a cabo el nacimiento de Jesús. Tanto la estación como el año son inciertos. La tradición cristiana de celebrar la Navidad en pleno invierno es un desarrollo muy posterior, así como es la fecha en el calendario común para el año de su nacimiento. Si Jesús nació durante el reinado de Augusto, cuando Quirino era gobernador, la fecha de su nacimiento sería a más tardar el año 4 A.E.C.

Los escritores de los evangelios nos dicen aun menos sobre la infancia de Jesús, pero para estos escritores, los años de la enseñanza pública de Jesús son de gran importancia. En los cuatro evangelios canónicos, leemos que Jesús reúne e instruye a sus discípulos, enseña lecciones morales a través de historias cortas llamadas parábolas, y da discursos públicos sobre la interpretación de las Escrituras. Un ejemplo de este último es el Sermón del Monte, relatado en el Evangelio de Mateo. La enseñanza pública de Jesús es central a la idea de los escritores de los evangelios sobre *euangelion*, a pesar que todo este período dura menos de tres años en la vida de Jesús.

Los cuatro escritores de los evangelios canónicos también hacen destacar los conflictos de Jesús con las autoridades, tanto judías como romanas. Desacuerdos con las autoridades judías principalmente se centran en la interpretación apropiada de la Biblia, como lo que es lícito hacer en el día de reposo (Marcos 2.23–28), o lo que es la naturaleza de la resurrección (Mateo 22.23–30). Sin embargo, los conflictos de Jesús con Roma son políticos. Cualquier reclamo mesiánico podría resultar en su muerte, ya que sería como que Jesús se nombrara a sí mismo rey de Judea, y por lo tanto, sería traidor de Roma. De hecho, en su crucifixión, lo que muestra la acusación en su contra dice: «EL REY DE LOS JUDÍOS» (Marcos 15.26). Teniendo en cuenta el método de su ejecución, Jesús claramente es ejecutado como traidor. La crucifixión no era un castigo para delitos religiosos en la época de Jesús, sino que era una forma particularmente cruel de ejecución que los romanos usaban para tanto torturar la víctima y para servir como advertencia gráfica pública a cualquiera que quisiera seguir el ejemplo del traidor.

Sin embargo, la historia de Jesús no termina en su crucifixión. Los cuatro escritores de los evangelios canónicos incluyen historias de una tumba vacía, y la mayoría incluyen apariciones de Jesús a sus discípulos tres días o más después de su ejecución. Estas historias de la resurrección llegan a ser una característica central de la fe cristiana. La resurrección de los muertos en el momento del juicio ya es una idea común entre los judíos en este momento, pero para los primeros cristianos, la resurrección de Jesús tiene mayor significado. Se convierte en un símbolo del poder de Dios sobre la muerte, la llegada del fin del mundo, y para algunos cristianos, el fin del sistema de sacrificios en el Templo. Los primeros cristianos recuerdan la resurrección al reunirse el primer día de la semana para adorarle, una práctica que continúa hasta el día de hoy.

El Imperio romano en tiempos del Nuevo Testamento

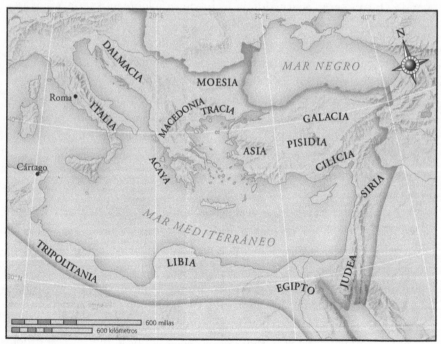

Del judaísmo al cristianismo

Muchos de los seguidores de Jesús llevaron el mensaje de su vida, su enseñanza y su resurrección por todo el mundo romano. Afirmaban que Jesús era el mesías, aunque un mesías diferente al que los judíos esperaban en ese momento de la historia. Asimismo, alegaban que su muerte y resurrección marcaban el inicio de una nueva era, y que el juicio final de la humanidad llegaría pronto al mundo. Estas personas fueron llamadas apóstoles o «enviados». Entre ellos se encontraba un hombre que nunca conoció a Jesús durante su vida, pero quien afirmó haber recibido una revelación especial del Jesús resucitado. Su nombre fue Saulo de Tarso, también conocido como Pablo.

Al principio, Pablo fue un adversario de los nuevos cristianos. Escribe que persiguió a los cristianos porque creía que eran herejes por afirmar que Jesús era el mesías. Sin embargo, según sus propias palabras, en algún momento Pablo recibió una revelación que cambió su punto de vista (Gálatas 3.12). A partir de ese momento, se convirtió en un defensor, no solo de la nueva religión, sino de una forma específica de cristianismo entre los gentiles (no judía). Él enseñaba que la vida, muerte y resurrección de Jesús significaba que las leyes de la Torah, en especial las leyes kosher y de circuncisión, ya no eran necesarias. En su lugar, abogó por el bautismo como un rito de entrada a la comunidad, y una fe en Jesús como el medio para la salvación.

Pablo llevó su mensaje a Grecia y Asia Menor, que es la actual Turquía. Estableció iglesias en muchas ciudades por todo el Imperio romano, y escribió a estas iglesias para animarlas después de su partida. Estas cartas a las nuevas iglesias se conservan en las epístolas del Nuevo Testamento cristiano. (Ver «Textos».) Aunque no todos los primeros cristianos estaban de acuerdo con el mensaje de Pablo sobre la inclusión de los gentiles, sus ideas y actividades han permanecido importantes para la identidad cristiana a lo largo de los siglos.

Tras la muerte de la generación apostólica, el cristianismo siguió extendiéndose por todo el Imperio romano. A menudo, los cristianos encontraron persecución por sus creencias o debido a rumores en su contra. Entre el más famoso de estos rumores era el que los cristianos eran caníbales, ya que los cristianos llamaban al vino «sangre» y al pan «cuerpo» durante el ritual de la comunión. Aunque el Imperio romano fue responsable en gran parte por la persecución contra los primeros cristianos, la política de Roma cambió de manera significativa cuando Galerio proclamó un Edicto de Tolerancia en el año 311 E.C. Constantino le siguió con el Edicto de Milán en el año 313 E.C. En virtud de estos decretos, el cristianismo se convirtió en una de las religiones oficialmente sancionada por el imperio. Ahora se les permitía a los cristianos reunirse abiertamente y encontraron más fácil establecer jerarquías de

El primer viaje de Pablo y su viaje a Roma

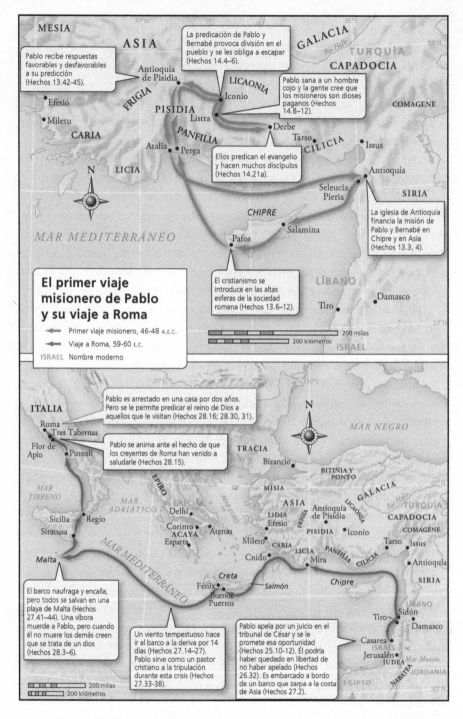

MESIA

ASIA

GALACIA

TURQUÍA

CAPADOCIA

La predicación de Pablo y Bernabé provoca división en el pueblo y se les obliga a escapar (Hechos 14.4–6).

Pablo recibe respuestas favorables y desfavorables a su predicción (Hechos 13.42-45).

Antioquía de Pisidia

LICAONIA

Iconio

Pablo sana a un hombre cojo y la gente cree que los misioneros son dioses paganos (Hechos 14.8–12).

Efeso

FRIGIA

PISIDIA

Listra

Miletu

CARIA

PANFILIA

Derbe

Tarso

CILICIA

Issus

COMAGENE

Atalia • Perga

Antioquía

Ellos predican el evangelio y hacen muchos discípulos (Hechos 14.21a).

LICIA

Seleucia Pieria

SIRIA

N

CHIPRE

Salamina

La iglesia de Antioquía financia la misión de Pablo y Bernabé en Chipre y en Asia (Hechos 13.3, 4).

MAR MEDITERRÁNEO

Pafos

El cristianismo se introduce en las altas esferas de la sociedad romana (Hechos 13.6–12).

LÍBANO

Damasco

Tiro

El primer viaje misionero de Pablo y su viaje a Roma

← Primer viaje misionero, 46-48 A.E.C.

← Viaje a Roma, 59-60 E.C.

ISRAEL Nombre moderno

200 millas
200 kilómetros

ISRAEL

Pablo es arrestado en una casa por dos años. Pero se le permite predicar el reino de Dios a aquellos que le visitan (Hechos 28.16; 28.30, 31).

N

ITALIA

MAR NEGRO

Roma • Tres Tabernas

Pablo se anima ante el hecho de que los creyentes de Roma han venido a saludarle (Hechos 28.15).

TRACIA

Flor de Apio • Puteoli

Bizancio

BITINIA Y PONTO

MAR TIRRENO

EPIRO

MISIA

ASIA

GALACIA

TURQUÍA

MAR ADRIÁTICO

GRECIA Delhi

LIDIA

Antioquía de Pisidia

LICAONIA

CAPADOCIA

Sicilia • Regio

Corinto

ACAYA

Atenas

Efeso

FRIGIA

PISIDIA

Iconio

COMAGENE

Siracusa

Esparta

Mileto

CARIA

PANFILIA

Tarso • Issus

Malta

Cnido

LICIA

Mira

CILICIA

Antioquía

SIRIA

Creta

Chipre

El barco naufraga y encalla, pero todos se salvan en una playa de Malta (Hechos 27.41–44). Una víbora muerde a Pablo, pero cuando él no muere los demás creen que se trata de un dios (Hechos 28.3–6).

Fénix • Salmón

Buenos Puertos

LÍBANO

Tiro • Sidón

Damasco

Un viento tempestuoso hace ir al barco a la deriva por 14 días (Hechos 27.14–27). Pablo sirve como un pastor cristiano a la tripulación durante esta crisis (Hechos 27.33-38).

Pablo apela por un juicio en el tribunal de César y se le promete esa oportunidad (Hechos 25.10-12). Él podría haber quedado en libertad de no haber apelado (Hechos 26.32). Es embarcado a bordo de un barco que zarpa a la costa de Asia (Hechos 27.2).

Casarea

ISRAEL

Jerusalén

JUDEA

Mar Muerto

EGIPTO

NABATEA

JORDANIA

200 millas
200 kilómetros

Segundo y tercer viaje de Pablo

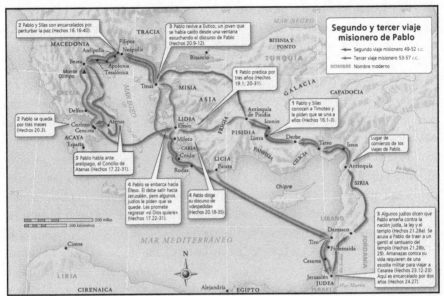

Segundo y tercer viaje
misionero de Pablo

Segundo viaje misionero 49-52 E.C.

Tercer viaje misionero 53-57 E.C.

NOMBRE Nombre moderno

2 Pablo y Silas son encarcelados por perturbar la paz (Hechos 16.16-40).

3 Pablo revive a Eutico, un joven que se había caído desde una ventana escuchando el discurso de Pablo (Hechos 20.9-12).

1 Pablo predica por tres años (Hechos 19.1; 20-31).

1 Pablo y Silas conocen a Timoteo y le piden que se una a ellos (Hechos 16.1-3).

2 Pablo se queda por tres meses (Hechos 20.3).

3 Pablo habla ante areópago, el Concilio de Atenas (Hechos 17.22-31).

Lugar de comienzo de los viajes de Pablo.

4 Pablo se embarca hacia Éfeso. Él debe salir hacia Jerusalén, pero algunos judíos le piden que se quede. Les promete regresar «si Dios quiere» (Hechos 17.22-31).

4 Pablo dirige su discurso de «despedida» (Hechos 20.18-35).

5 Algunos judíos dicen que Pablo enseña contra la nación judía, la ley y el templo (Hechos 21.28a). Se acusa a Pablo de traer a un gentil al santuario del templo (Hechos 21.28b, 29). Amenazas contra su vida requieren de una escolta militar para viajar a Cesarea (Hechos 23.12-23). Aquí es encarcelado por dos años (Hechos 24.27).

200 millas

200 kilómetros

© GeoNova

liderazgo dentro de la iglesia, tales como los obispos de región. Constantino también aprobó la convocatoria de un concilio en el año 325 E.C., para establecer creencias cristianas oficiales. El Concilio de Nicea fue el primero de muchos a lo largo de los siglos para discutir aspectos específicos de la fe cristiana, especialmente la naturaleza de la Trinidad (ver «Creencias»).

Los concilios fueron uno de los aspectos de un movimiento del cristianismo hacia la ortodoxia, estableciendo un único conjunto de creencias aceptadas. Mientras que el cristianismo primitivo fue una tradición diversa, había cristianos que mantenían la Torah, otros que rechazaban por completo la Torah, y todavía otros que fueron influenciados por la filosofía griega, y así sucesivamente. Después de un par de siglos, muchas de estas nuevas creencias se declararon no ortodoxas. Oficiales de la iglesia informaron a sus miembros cuales de los evangelios eran autorizados, y a sus oponentes por qué sus creencias eran heréticas. Un destacado defensor de la ortodoxia fue Agustín (354–430 E.C.), un obispo quien célebremente enmarca los conceptos de una guerra justa y pecado original. También escribió varios largos tratados contra creencias que consideraba heréticas, como el maniqueísmo, una religión que combina las creencias zoroástricas y cristianas, y que él había practicado antes de convertirse al cristianismo. Otro notable guardián de la ortodoxia era Atanasio, también un obispo, quien es famoso por defender su oposición al arrianismo, la creencia de que Cristo está subordinado a Dios el Padre, y ofreció la primera lista de todos los veintisiete libros del Nuevo Testamento canónico como parte de una carta de Semana Santa a sus feligreses en el año 367 E.C.

Durante los siguientes siglos, el cristianismo continuó creciendo. A medida que avanzaba hacia el este y oeste a lo largo de la cuenca mediterránea, sobre todo después de la caída del Imperio romano, las comunidades locales desarrollaron creencias y tradiciones muy diferentes. En el este, se les permitía casarse a los sacerdotes; el griego era la lengua dominante, y se veneraba pinturas bidimensionales de Jesús o los santos denominados íconos. En el oeste los sacerdotes se mantenían célibes, el latín era el idioma preferido, y los íconos se consideraban idolatría. Estos cristianos también comenzaron a ver al obispo de Roma, el Papa, como la única autoridad sobre todos los cristianos. Los cristianos del este, sin embargo, veían al Papa como un obispo entre los muchos que vivían en todo el Mediterráneo, y favorecían al obispo de Constantinopla. Los cristianos del oeste también añadieron la frase «y el Hijo» (en latín, filioque) a la descripción en el Credo de Nicea, sobre el papel del Espíritu Santo y la forma en que procede de Dios Padre en la Trinidad. Los cristianos del oriente, sin embargo, no apoyaron este cambio teológico al credo común.

Inevitablemente, estas diferencias causaron una ruptura. En 1054 E.C., el Papa y el obispo de Constantinopla, conocido como el Patriarca, se excomulgaron mutuamente. Excomunión es eliminar a alguien de los rituales y la vida sacramental de la iglesia, esencialmente condenarlos hasta que y a menos que la persona excomulgada se arrepienta formalmente. A raíz de esta excomunión mutua, la iglesia se dividió en dos: ortodoxos y católicos romanos. Esta fue la primera gran división en el cristianismo, aunque no la única (ver «Divisiones»).

Cerca de este mismo tiempo, el grupo que más tarde fue llamado Catolicismo romano, inicialmente se embarcó en las cruzadas que duraron casi 200 años, en respuesta a la presencia islámica en Jerusalén. El Papa Urbano II, quien famosamente hizo el primer llamado a la cruzada durante un sermón en Clermont, Francia, justificó un ataque armado para defender la libertad de Jerusalén (ver Asbridge). Sin embargo, en realidad las cruzadas fueron una serie de ataques brutales religiosos en toda Europa. Incluso hermanos cristianos no estaban seguros. En el año 1204 E.C., cuando las cruzadas llegaron a la fortaleza ortodoxa de Constantinopla, profanaron el altar y destruyeron los íconos en la Iglesia Ortodoxa de Hagia Sophia, incluso yendo tan lejos como para colocar prostitutas en la santa sede del patriarca. Muchos miles de judíos, musulmanes y cristianos, incluso muchos que no eran combatientes, murieron durante las cruzadas, y nunca se logró la tarea original de retomar Jerusalén de los musulmanes turcos.

A pesar del fracaso de las cruzadas, el catolicismo continuó consolidando su poder en Europa. En víspera de la reforma, el catolicismo fue una fuerza que superaba a muchos gobiernos europeos, y el Papa era la autoridad en los asuntos tantos espirituales como estatales. Entre los despliegues de este poder enorme, se cuentan proyectos de construcciones en Europa que fueron financiados por las indulgencias, aportes en dinero pagados para retrasar el castigo por pecados confesados y luego absueltos. En el momento de la reforma, la venta de indulgencias era notoriamente abusada y utilizada para manipular a la gente ordinaria que temían el poder de la iglesia. Una persona que desafió esta práctica fue un monje alemán llamado Martín Lutero, el eventual fundador del protestantismo.

Protestantismo

Lutero creía que las indulgencias eran tanto corruptas como teológicamente incorrectas. Se basó en una interpretación del Libro de Romanos que describe una relación no mediada entre Dios y la humanidad basada únicamente en la fe, haciendo así innecesaria las indulgencias. Para promover sus ideas, Lutero publicó *Las noventa y cinco tesis,* o declaraciones de la fe, en la puerta de la Iglesia del Palacio de Wittenberg, Alemania, en 1517. En su vigésimo primer comunicado, Lutero escribe: «En consecuencia, yerran aquellos predicadores de indulgencias que afirman que el hombre es absuelto a la vez que salvo de toda pena, a causa de las indulgencias del Papa... [para las indulgencias] el lucro y la avaricia pueden ir en aumento, mas la intercesión de la iglesia depende sólo de la voluntad de Dios».

El acto de rebelión de Lutero contra la Iglesia Católica resultó en que se vio obligado a huir de su casa y buscar refugio entre los principados en Alemania. Con el tiempo, se le pidió defender sus acciones rebeldes en la Dieta de Worms; una dieta es un consejo que determina la culpabilidad o inocencia en asuntos de la iglesia.

Las exigencias de Lutero para una reforma fueron tanto religiosas como políticas. La Iglesia Católica en ese período reclamaba gran influencia política de largo alcance, y una rebelión contra la doctrina de la iglesia era una rebelión contra el orden civil. De hecho, al adoptar el luteranismo, Alemania se alejó de la estructura política católica y derivó hacia la estadidad autónoma. Además, a medida que crecía el nuevo movimiento de protesta, otros países también se alejaron de la influencia católica en los asuntos civiles.

Un segundo gran reformador protestante fue Juan Calvino, quien fundó las denominaciones conocidas colectivamente como cristianismo Reformado. La gran disputa de Calvino con la Iglesia católica también estaba relacionada con la creencia de que uno podía comprar la salvación, aunque Calvino respondió a esta pregunta de una manera diferente a Martín Lutero. En lugar de sugerir que la salvación era un regalo del amor abundante de Dios, Calvino creía que la salvación estaba predestinada o predeterminada desde el principio de los tiempos para toda la humanidad.

Calvino describió la predestinación en su famosa obra *La institución de la religión cristiana*. Mediante apoyo escritural y una apelación a la lógica, Calvino afirmó que para toda persona, Dios ya había determinado si estaban destinados a la felicidad eterna en el cielo o la condenación eterna en el infierno. Argumentó que si fuera por el ser humano determinar su estado eterno, entonces Dios no sería omnisciente ya que los seres humanos tendrían la libertad de hacer una elección real independiente, ni tampoco sería la gracia de Dios un regalo, ya que sería igualmente accesible para todos. Además, el texto bíblico está lleno de ejemplos de que Dios escoge a algunas personas, como los hebreos, y a otros no, o favorece a ciertos individuos sobre otros, como Jacob sobre Esaú. Para Calvino, esto era prueba irrefutable de que Dios ya había determinado quienes serían salvos o condenados. Calvino creía que los cristianos, a quien llamó los elegidos, deberían vivir cada día sin preocuparse por su estado eterno. Calvino fue más activo en Suiza, donde fundó comunidades dedicadas a estos principios, y sus creencias llegaron a influir al presbiterianismo y a la Reforma holandesa en Europa y Estados Unidos.

El anglicanismo es la tercera denominación importante que salió de la Reforma Protestante, aunque su fundación fue más explícitamente política que la del luteranismo o calvinismo. Como se indicó anteriormente, la Iglesia católica ejercía un poder significativo en asuntos religiosos y políticos. En Inglaterra, esto significaba que el rey se veía obligado al Papa, y como resultado, se esperaba que el rey se casara con una mujer la cual sería ventajosa para la estructura del poder católico. En el caso del rey Enrique VIII, se le obligó a casarse con Catalina de Aragón, miembro de la realeza española. Este matrimonio consolidaría las relaciones entre Inglaterra y España, los cuales eran leales al Papa. Sin embargo, Henry rechazó a Catalina, alegando que sería incapaz de traer un heredero varón al trono. Quiso anular su matrimonio con ella, pero esto era inaceptable bajo la ley católica.

Para resolver este problema, Henry se declaró a sí mismo la cabeza de una nueva iglesia, la Iglesia de Inglaterra. En su posición como autoridad única y final de esta nueva iglesia, Henry declaró que su matrimonio con Catalina no era válido y se casó con Anne Boleyn. Henry llegó a casarse con otras cuatro mujeres durante su reinado. La iglesia que fundó luchó para continuar, especialmente durante el reinado de María Tudor, quien regresó la religión oficial de Inglaterra al catolicismo. Sin embargo, con el tiempo, la Iglesia de Inglaterra estableció su identidad reformada anglicana por medio de los *Treinta y nueve artículos*, escrito durante el reinado de la reina Isabel I en 1563.

Lutero, Calvino y Enrique todos trataron de corregir los percibidos abusos de poder en la iglesia, pero los esfuerzos de ellos no fueron los únicos intentos de reforma. Los católicos también intentaron una reforma desde adentro tratando de responder a las acusaciones protestantes de varias maneras. Algunas reformas vinieron de movimientos populares, incluso antes de las protestas de fuera. Por ejemplo, para hacer frente a la percepción de que el clero católico era demasiado secular debido a su participación en la política, nuevas órdenes monásticas, como los Teatinos se crearon con el objetivo de mejorar la formación espiritual del clero. La orden de los Capuchinos ministró entre los pobres y los enfermos, tratando de vivir de la manera más austera posible, en contraste con la enorme riqueza del Vaticano. Además, la orden de las Ursulinas fue fundada en Italia para educar a los niños, especialmente las niñas, para que pudieran leer las Escrituras por sí mismas. Estas reformas monásticas fueron sorprendentemente exitosas, pero no fueron inmediatamente validados por el liderazgo de la iglesia. Durante la mayor parte del período de la reforma, la posición papal oficial fue expresada por el Concilio de Trento (1545–63) que se opuso vehementemente a las ideas de protestantes disidentes. Por el contrario, el Consejo reafirmó la creencia en la transubstanciación, la autoridad del Papa, y la importancia de las obras, así como la fe para salvación, negando los argumentos esenciales de los reformadores protestantes.

Como parte de su plan de lucha contra la Reforma, la Iglesia Católica también trató de reclamar un punto de apoyo espiritual entre los territorios perdidos al protestantismo. Fundada por Ignacio de Loyola en 1540, los Jesuitas, o Compañía de Jesús, fueron fundamentales para esta tarea. Ignacio se imaginó un nuevo orden de monjes, regidos por estrictas normas de sus propios escritos llamados *Ejercicios espirituales*, en la que los miembros se consideraban como misioneros, guerreros y monjes. Los Jesuitas fueron fervientes defensores del Papa. Se extendieron por toda Europa con la esperanza de la reconversión de los protestantes herejes, y luego continuaron hacia Asia. Los Jesuitas tuvieron éxito en detener la ola del protestantismo en Europa, particularmente en Francia y los Países Bajos.

Durante los siguientes siglos, el cristianismo se fue nuevamente transformado, esta vez por su extensión hacia África, América y hacia el este de Asia por medio de los conquistadores españoles y grupos disidentes de la Iglesia de Inglaterra, incluyendo los puritanos y los cuáqueros.

En las últimas épocas, el cristianismo también ha luchado con el reto de la modernidad. Con el auge del pensamiento científico y los movimientos de igualdad como el feminismo, los cristianos se han visto obligados a abordar cómo se relacionan con personas que están en desacuerdo con las antiguas creencias de la Iglesia. Algunos grupos cristianos han abrazado la modernidad, pero otros, especialmente la gente dentro del movimiento fundamentalista estadounidense que comenzó en la década de 1920, han rechazado los ideales modernos a favor de una lectura más literal de la Biblia. Por ejemplo, los fundamentalistas han rechazado la teoría de evolución y han promovido la verdad literal de la narración de la creación del Génesis, y algunos fundamentalistas también han favorecido un papel más sumiso de la mujer, reflejando el ejemplo de la Biblia, en contraste con los principios descritos en la Ley sobre igualdad de derechos.

En la actualidad hay más de dos mil millones de cristianos en todo el mundo. Mientras que el cristianismo está disminuyendo en número en toda Europa, las poblaciones cristianas continúan creciendo en algunas partes de Sudamérica, África y Asia.

DIVISIONES

Existen tres principales divisiones dentro del cristianismo: el catolicismo romano, la Iglesia Ortodoxa Oriental y el protestantismo. Muchos grupos pequeños disidentes también salieron de estos tres grupos principales. El catolicismo romano y la Iglesia Ortodoxa Oriental surgió de la división entre los cristianos del oriente y occidente durante el siglo XI (ver «Del judaísmo al cristianismo»). Luego surgió el protestantismo durante la Reforma, iniciada por Martín Lutero en 1517 (ver «Protestantismo»).

Hoy en día, el catolicismo Romano es la denominación más grande del cristianismo. A lo largo de los siglos, el catolicismo se ha extendido por el mundo al ir conquistando otras tierras los países europeos. Países que eran predominantemente católicos, como Francia y España, se llevaban la religión con ellos al ir conquistando otros pueblos, a menudo forzándolo en las poblaciones preexistentes. Por esta razón, el cristianismo católico es ahora el grupo religioso más grande en Sur y Centroamérica, Estados Unidos, Filipinas y en algunas partes del África subsahariana (ver https://www.cia.gov/library/publications/the-world-factbook/fields/2122.html).

Los cristianos católicos mantienen varias creencias y prácticas únicas que los distinguen de otros tipos de cristianos. Por ejemplo, los católicos ven al Papa como la única autoridad sobre todos los cristianos, y creen que las declaraciones que hace *ex cathedra*, desde la sede de la autoridad papal, son infalibles. El catolicismo también mantiene un sacerdocio célibe, soltero, masculino e incorpora la existencia del Purgatorio, un reino en el más allá donde los pecados pueden ser purificados por lo que una persona podría eventualmente entrar en el cielo. La transubstanciación, o la creencia de que el pan y el vino de la eucaristía místicamente se convierten en el cuerpo y sangre de Cristo, también es algo distintivo del catolicismo. Mientras que la Iglesia Católica antes ordenaba que la misa solo se celebrara en latín, la práctica contemporánea católica permite la misa en lenguaje común, o en lengua vernácula de la congregación.

El segundo grupo más numeroso de cristianos en el mundo se conoce colectivamente como ortodoxos, aunque algunas personas describen a este grupo como «ortodoxos del este», simplemente «ortodoxo» es el término más preferido. El cristianismo ortodoxo se compone en realidad de varios grupos más pequeños, generalmente identificados por idioma o zona geográfica: la ortodoxa griega, ortodoxa rusa, ortodoxa armenia y ortodoxa egipcia (copto) que son algunos ejemplos.

En el cristianismo ortodoxo, el culto por lo general incluye el uso de íconos, que son cuadros de Jesús o los santos. Estas pinturas son creadas de acuerdo a los estándares exactos tanto para imágenes y materiales. Por lo general, en la colocación de estos íconos en las iglesias o casas, los cristianos ortodoxos suelen orar y encender velas delante de ellos. Los cristianos no ortodoxos a veces no entienden el papel de los íconos en la adoración ortodoxa, confundiendo estas prácticas de veneración con la adoración de ídolos. Sin embargo, los íconos sirven como ayuda en la adoración a Dios, no los objetos en sí. Al igual que un cristiano no ortodoxo podría encender una vela para mejorar la concentración antes de ofrecer una oración, un cristiano ortodoxo podría usar un ícono como una especie de ventana por la cual una persona puede ver mejor el misterio de Dios. Los íconos también sirven como recordatorio visual de la escritura y la vida de los santos. Ambos sirven como modelos éticos para el creyente.

Los cristianos ortodoxos también tienen una estructura organizacional única, compuesto de varios grupos de autogobierno, mientras que la Iglesia Católica es una entidad única, unida bajo la autoridad singular del Papa. Aunque los cristianos ortodoxos ofrecen al Patriarca de Constantinopla un gran respeto, él no tiene el mismo nivel de autoridad como el Papa. Además, mientras que los sacerdotes católicos deben permanecer solteros y célibes, a los sacerdotes ortodoxos se les permite casarse mientras que están ministrando a su congregación. Sin embargo, se espera que los obispos ortodoxos permanezcan célibes.

El protestantismo es la tercera división cristiana principal, teniendo sus orígenes en los movimientos de protesta del siglo XVI contra los abusos percibidos por la Iglesia Católica. Los protestantes rechazan la autoridad centralizada del Papa, así como la creencia de que es necesario un intermediario como un sacerdote para interpretar las Sagradas Escrituras u ofrecer reconciliación.

El protestantismo tuvo un énfasis inicial en la descentralización y autonomía, y como resultado, las creencias protestantes varían grandemente.

A pesar de esta diversidad de creencias, los protestantes comparten un mayor énfasis en las Escrituras, sobre el liderazgo de la iglesia o el sacramento como el medio para encontrarse con Dios. Los protestantes sostienen que todos los creyentes son sacerdotes y son capaces de comprender e interpretar las Escrituras. Martín Lutero llamó a este concepto *Sola Scriptura*, o «la Escritura solamente». Por esta razón, la mayoría de las iglesias protestantes enfatizan la predicación basada en pasajes bíblicos en sus reuniones de adoración.

Hoy en día, el protestantismo está constituido por muchas denominaciones, la mayoría de los cuales provienen de los movimientos de protesta de Martín Lutero o Juan Calvino, o la rebelión de la Iglesia de Inglaterra. El luteranismo es la forma dominante del cristianismo en Alemania, Finlandia, Dinamarca y Suecia; también está muy difundida en Estados Unidos, particularmente en las zonas donde los inmigrantes de estos países llegaron a residir. Los luteranos también son el grupo cristiano mayoritario en Namibia. El calvinismo contiene diversas congregaciones reformadas, incluyendo el presbiterianismo y las iglesias reformadas holandesas. El calvinismo es muy popular en Holanda y Escocia, y hoy en día también hay grandes comunidades reformadas en Iowa y Michigan, en Estados Unidos. La Iglesia de Inglaterra sigue siendo la iglesia oficial del estado en Gran Bretaña, y el anglicanismo ha generado a varias denominaciones propias, incluyendo los episcopales y metodistas. Nueva Zelanda, Australia, Nigeria y Uganda, también cuentan con importantes poblaciones anglicanas.

Mientras que el luteranismo, calvinismo y anglicanismo forman las principales denominaciones protestantes, la diversidad del protestantismo moderno se extiende mucho más allá de estos tres grupos. Por ejemplo, algunos protestantes provienen de los movimientos de la Reforma «espíritu libre», incluyendo los unitarios, que rechazan el trinitarianismo. Otros vienen de las reformas anabaptistas, que también tienen su origen en la Reforma. Anabaptistas (literalmente, «rebautizadores») afirman que solo el bautismo de adultos es el bautismo verdadero, por lo que los que han sido bautizado como niños deben ser rebautizados. Los menonitas, los cristianos amish, y miembros de la Iglesia de los Hermanos continuaron esta tradición en Estados Unidos. Curiosamente, el consenso es que las denominaciones bautistas no trazan su historia en los anabaptistas, sino en un movimiento separatista que se separó de la Iglesia de Inglaterra. Las iglesias bautistas en Estados Unidos fueron influenciados por los movimientos de avivamiento de los siglos XVIII y XIX, y todavía están marcadas por una orientación carismática.

CREENCIAS

Aunque es difícil identificar una creencia cristiana universal, existen algunas ideas claves que se extienden a través de muchos grupos cristianos, incluyendo la creencia en la Trinidad, el carácter sagrado de la Escritura, y una visión lineal del tiempo.

La Trinidad es el concepto cristiano de que Dios es una deidad en tres personas, generalmente denominado como Padre, Hijo y Espíritu Santo. Mientras que la palabra «Trinidad» no se encuentra en ningún lugar en la Biblia, dentro de unos pocos siglos de la muerte de Jesús, el trinitarianismo fue un rasgo característico de la fe cristiana, principalmente debido a una serie de concilios de la iglesia que se reunieron para discutir específicamente la Trinidad. A comienzos de la historia del cristianismo, los creyentes se enfrentaban a una pregunta clave: ¿Quién es Jesús? El mesianismo judaico destacaba el papel político y militar del «ungido», pero no afirmaba que el Mesías venidero era divino, ya que esto sería una afrenta al monoteísmo (para más información sobre el monoteísmo judío, consulte la sección «Creencias» en la sección sobre el judaísmo en este libro). Sin embargo, Jesús no era un salvador militar o político, como se esperaba, de hecho, sufrió una humillante derrota a manos de Roma. Los cristianos comenzaron a ver a Jesús no como un libertador político, sino como un libertador espiritual, y su «humillante muerte» era en realidad una parte importante de su condición única como Hijo de Dios, y era necesaria para lograr la salvación humana.

Como los primeros cristianos habían deducido conceptos judíos sobre el monoteísmo, pero aún querían sostener una relación única entre Dios y Jesús, necesitaban explicar la conexión entre el Padre e Hijo. ¿Fue Jesús verdaderamente un niño, a quien Dios había procreado, o era el Cristo eternamente un aspecto de Dios? ¿Cómo contuvo el Jesús humano su divinidad, es decir, la «sustancia» de Dios? ¿Y cómo ambos, Padre e Hijo, se relacionaron con un tercer concepto bíblico, el Espíritu Santo, tal como se describe en Mateo, Juan y las epístolas paulinas? Estas fueron las preguntas que una serie de concilios ecuménicos trataron de responder. Mientras que uno de afuera puede considerar estos asuntos de mínima importancia, para los cristianos fueron fundamentales para el establecimiento de la ortodoxia y para evitar creencias que podrían llevar a la condenación. A partir de esta serie de debates muy intensos y ocasionalmente alterados vinieron varias declaraciones de la creencia cristiana ortodoxa, conocida como credos.

El primer concilio ecuménico para discutir este tema se celebró en Nicea, en la actual Turquía. En el 325 E.C., los obispos se reunieron para comenzar a elaborar el Credo de Nicea, que aún se usa en las iglesias hoy en día. Describe la relación entre el Padre, Hijo y Espíritu Santo como «solo Dios, Padre Todopoderoso... y un solo Señor, Jesucristo, Hijo único de Dios, quien es de la misma naturaleza del Padre, Dios de Dios, Luz de Luz, Dios verdadero de Dios verdadero, engendrado no creado... y en el Espíritu Santo, Señor y dador de vida, que procede del Padre..., que con el Padre y el Hijo recibe una misma adoración y gloria». El concepto de la Trinidad sigue siendo una creencia formativa para la mayoría de cristianos, con la notable excepción de los unitarios.

Una segunda convicción común entre los cristianos es la autoridad de las Escrituras. Los cristianos en general consideran que la Biblia es la palabra inspirada de Dios, aunque su significado varía ampliamente entre las tradiciones. Para algunos, la inspiración se refiere a que la relación de Dios con los seres humanos es el origen de las escrituras, y afirman que el ser humano escribió la Biblia, y que el error humano es posible en sus páginas. En el otro extremo, algunos cristianos sostienen que la inspiración significa que Dios escribió cada palabra del texto usando la mano de un escritor humano, y que el texto resultante, por lo tanto, carece de error humano. Esta idea es conocida como inerrancia, y es comúnmente sostenida entre las formas fundamentalistas del cristianismo. A pesar de sus posiciones sobre la autoría de las Escrituras, la mayoría de los cristianos ven a la Biblia como una fuente de orientación y seguridad en su diario vivir.

Por último, al igual que sus homólogos abrahámicos, los cristianos creen que el tiempo es un fenómeno lineal. Esto hace que el cristianismo sea diferente a las tradiciones como el hinduismo y el budismo, en el que la gente ve al mundo como una regeneración sin fin. Para los cristianos, cada persona vive una sola vez, y en la muerte (o en un día futuro de resurrección), él o ella se enfrentará al juicio individual. Del mismo modo, los cristianos creen que el mundo comenzó a existir en un momento en la historia y terminará algún día en el futuro. Esta creencia es más pronunciada en los movimientos cristianos apocalípticos, que consideran las descripciones del Apocalipsis de Juan, también llamado Apocalipsis, como una descripción literal del juicio de Dios al final de los tiempos.

Textos sagrados

No solo nació el cristianismo de ideas judaicas del mesianismo y el apocalipticismo, sino que también los primeros cristianos tomaron sus primeras Escrituras del judaísmo. La Biblia hebrea, que los cristianos con el tiempo llamaron el Antiguo Testamento, contiene profecías, leyes, promesas y orígenes judíos. La mayoría de los primeros cristianos veían la Biblia hebrea como conectada con y cumplida en la vida de Jesús. Tanto Pablo como el autor del

Evangelio de Mateo, por ejemplo, a menudo citan Escrituras hebreas para apoyar sus afirmaciones de que Jesús es el cumplimiento único de las promesas de Dios. Estos escritos se convirtieron en la primera parte del canon cristiano.

Junto con la Biblia hebrea, los primeros cristianos también dieron autoridad a escritos adicionales. Los primeros escritos en ganar prominencia fueron las epístolas de Pablo, que eran cartas escritas a las distintas iglesias de Pablo y que fueron ampliamente circuladas por todo el Mediterráneo. Estas cartas fueron ocasionales, que significa que fueron impulsadas por ciertos eventos en las iglesias a la que Pablo sintió la necesidad de responder, y que varían mucho en su tono y longitud.

Pablo escribe a menudo sobre la manera como la vida, muerte y resurrección de Jesús hace posible una nueva relación entre Dios y toda la gente, incluyendo los gentiles, o los no judíos. Esta nueva relación no se debe a ningún tipo de merecidas acciones humanas, según Pablo, sino que depende de Dios actuando en amor a través de Jesús, y entonces los seres humanos reciben ese regalo por gracia, un acto que él llama justificación «por la fe aparte de las obras de la ley» (Romanos 3.28). Debido a que esta justificación no requiere acción humana, lo cual Pablo llama «obras», cualquier persona puede ser reconciliado con Dios. Pablo lo enfatiza: «no hay judío ni griego; no hay esclavo ni libre; no hay hombre ni mujer; porque todos sois uno en Cristo Jesús» (Gálatas 3.28).

Sin embargo, las epístolas de Pablo no eran las únicas cartas que circulaban entre los primeros cristianos. Otros apóstoles también escribieron a sus iglesias. Estas epístolas a veces chocaban con las evaluaciones de Pablo. El escritor de la Epístola de Santiago, por ejemplo, afirmó que «la fe por si misma, si no tiene obras, está muerta...» (2.17), un sentimiento con el que sin duda Pablo habría ciertamente estado en desacuerdo. El autor de las epístolas de Pedro proclama que una persona debería invocar «como Padre a aquel que imparcialmente juzga según la obra de cada uno» (1 Pedro 1.17).

En otro grupo de cartas a menudo denominadas como las epístolas pastorales, algunas personas dudan de la autoría de Pablo. Aquellos eruditos en cambio afirman que los autores seguían afirmando la autoridad de Pablo por lo menos una generación después de su muerte. Para los eruditos esta utilización de seudónimo permitiría a los creyentes adaptar ideas de Pablo a su nueva situación con una estructura de iglesia más compleja. La iglesia aceptó a estas cartas con la autoría de Pablo, pero otras cartas fueron consideradas heréticas. Un total de veintiuna epístolas forman parte del canon cristiano.

Junto con estas cartas, la iglesia cristiana con el tiempo canonizó los cuatro evangelios. Los evangelios no fueron compuestos cuando Jesús estaba vivo, y ciertamente no son anteriores a las cartas auténticas de Pablo. Los eruditos creen que el primero de los evangelios canónicos es el de Marcos, que probablemente fue escrito alrededor del año 70 E.C., casi cuarenta años después de la muerte de Jesús. Los evangelios de Mateo y Lucas fueron escritos una década más tarde, y el Evangelio de Juan se completó una década después de eso.

Los evangelios no pretenden ser registros diarios de cada palabra y acción de Jesús. Centrado en las buenas noticias del «reino de Dios», el cual predicó Jesús, los escritores de los evangelios no pretenden que todos los eventos en su vida fueron igualmente importantes. De hecho, largos períodos en la vida de Jesús no se mencionan en absoluto. En cambio, los escritores de los evangelios se centran casi exclusivamente en tres tipos de material relacionado con la vida de Jesús: refranes, relatos de milagros, y narrativas de la pasión (sufrimiento y muerte).

Entre los dichos mejor conocidos de Jesús están las parábolas. Estas son historias cortas, a menudo dentro de un trasfondo agrario y que hacen uso de metáforas para describir «el reino de Dios» del que Jesús predicó muy a menudo. El significado detrás de las parábolas no está siempre muy claro. No son alegorías en la que cada objeto representa algo del mundo real. En lugar de ello, las parábolas son palabras gráficas diseñadas para evocar sentimientos e imágenes en lugar de ideas concretas. Incluso con esa ambigüedad, las imágenes de las parábolas han persistido y han llegado a formar una parte de nuestro vocabulario común: las frases «buen samaritano», «oveja perdida», «hijo pródigo» y «perlas arrojadas a los cerdos» provienen de las parábolas.

Tanto los milagros de la naturaleza y las historias de sanidades milagrosas son comunes en los evangelios. Milagros de la naturaleza incluyen historias de Jesús calmando tormentas (Marcos 4.35–41), transformando agua en vino (Juan 2.1–11), y maldiciendo una higuera hasta que se seca (Mateo 21.18–22). Milagros de sanidad incluyen la restauración de un paralítico (Lucas 5.18–19), la curación de una mujer que padecía de hemorragia (Marcos 5.24–29), y la resurrección de Lázaro de la muerte a la vida (Juan 11.1–46). Los milagros de sanidades y de naturaleza tienen la intención de apuntar a la compasión de Dios por los menospreciados en la sociedad, así como el poder de Dios sobre las fuerzas del caos. Para los cristianos del primer siglo, estas historias habrían afirmado a Jesús como un elegido de Dios, un mesías.

Aunque los dichos y relatos de milagros son componentes claves de cada evangelio, los escritores destacan la pasión de Jesús por encima de todo. Estas historias son las más detalladas en los evangelios, casi cada momento desde la cena de la Pascua hasta el entierro se describe vívidamente. Si bien difieren en muchos detalles, los cuatro escritores de los evangelios canónicos enfatizan la cena de Pascua compartida en la cual Jesús le da un nuevo significado, la traición de Jesús por su discípulo Judas y el sufrimiento físico y la muerte de Jesús en una cruz. Los escritores de los evangelios cuentan que después de la ejecución de Jesús y el día de reposo, algunas discípulas femeninas visitan la tumba para ungir el cuerpo de Jesús y encuentran la tumba vacía. El mensaje de la resurrección de Jesús en los evangelios canónicos es la culminación de las narraciones de la pasión y el *euangelion* central de la iglesia primitiva.

Una tercera categoría de literatura del Nuevo Testamento es la que tiene naturaleza apocalíptica. Solo hay un apocalipsis de largometraje en el canon, el Apocalipsis de Juan, el cual es el último libro del Nuevo Testamento cristiano. Las personas generalmente escriben literatura apocalíptica en tiempos de intensa persecución, y usan lenguaje e imágenes veladas para comunicar a los oprimidos acerca de un día venidero de liberación. Lenguaje codificado es necesario para proteger a la comunidad de la persecución. Por ejemplo, Juan usa el término «*Babilonia*», un imperio muy antiguo, que una vez destruyó a Jerusalén y el mismo luego fue destruido, para referirse a la destrucción venidera del Imperio romano. Lenguaje codificado como éste tendría sentido para la audiencia de Juan, y les daría consuelo en momentos de angustia, pero también impediría a potenciales perseguidores de ver el verdadero mensaje. Como lectores mucho más tarde, los cristianos modernos a veces malentienden el significado y el propósito de las imágenes apocalípticas, lo que conduce a predicciones del fin del mundo que no se materializan.

Los evangelios (incluyendo las dos partes de Lucas y Hechos), las epístolas y el Apocalipsis de Juan forman la totalidad del Nuevo Testamento cristiano. Junto con la Biblia hebrea, estos libros forman el canon común de todos los cristianos. Durante la Reforma, los protestantes rechazaron catorce libros adicionales que se habían incluido en el Antiguo Testamento hasta ese momento. Estos libros son conocidos colectivamente como los apócrifos o deuterocanónicos.

Ritos y rituales

Al igual que los escritos sagrados, los ritos y rituales entre los cristianos varían, dependiendo de la denominación. Los cristianos ortodoxos y los católicos romanos identifican siete ritos y rituales sagrados, llamados sacramentos, la mayoría de los protestantes identifican dos, y algunos no reconocen ritos ni rituales en absoluto.

Para la mayoría de los cristianos, la entrada a la comunidad de fe está marcada por el bautismo, un ritual de lavado con agua. El bautismo tiene sus raíces en prácticas bíblicas, especialmente el propio bautismo de Jesús en el río Jordán (Marcos 1.9–13) y la recomendación del bautismo como una alternativa a la circuncisión para los gentiles (Colosenses 2.11–13). La práctica bautismal cristiana moderna varía ampliamente, tanto en términos de edad y método. La mayoría de los cristianos practican el bautismo infantil, pero algunos creen que el consentimiento de los bautizados es necesario y solo practican el bautismo de adultos. Mientras que algunos cristianos sumerjan totalmente al bautizado, muchos otros utilizan agua derramada o salpicada. Sin embargo, la mayoría de los cristianos están de acuerdo que el bautismo es un acontecimiento único en la vida. El bautismo es practicado por todas las denominaciones cristianas.

Para cristianos católicos y ortodoxos, otro sacramento es la confirmación, el cual es el acto de aceptar personalmente los votos de membresía en la iglesia tomados por los padres en el bautismo. Dado que estas iglesias practican el bautismo de infantes, la confirmación permite a un joven confirmar de manera independiente las creencias básicas de la comunidad de la iglesia. La confirmación a menudo involucra clases preparatorias en la iglesia del joven, y a veces se combina con la Primera Comunión.

La comunión, también llamada eucaristía, la cena del Señor o misa, es otro sacramento común cristiano. Este sacramento es un recuerdo ritual de la última cena de Jesús con sus discípulos en la Pascua, antes de su traición y crucifixión. Hoy en día, los cristianos recuerdan esta cena al consumir pan y vino (o, en algunas iglesias, mosto) como comunidad, por lo general durante una reunión de adoración. Si bien la práctica de la comunión es común para la mayoría de los cristianos, su significado varía mucho dependiendo de la denominación. Los católicos y algunos cristianos ortodoxos, por ejemplo, creen que los elementos de la comunión se transforman en el verdadero cuerpo y sangre de Cristo en el momento en que el sacerdote los eleva, un proceso llamado transubstanciación. En cambio los protestantes luteranos afirman que el pan y el vino siguen siendo pan y vino, y que al mismo tiempo coexisten con el cuerpo de Cristo, una idea conocida como la consubstanciación. Sin embargo, otros grupos, incluyendo los bautistas, creen que el pan y el vino son puramente simbólicos y no cambian.

El matrimonio es considerado un rito sagrado para la mayoría de los cristianos, y es visto como el cuarto de los siete sacramentos en las iglesias ortodoxas y católicas. El matrimonio cristiano por lo general implica la bendición de un clérigo y un intercambio de votos y anillos, aunque las prácticas varían ampliamente dependiendo de la cultura y costumbres locales.

El sacramento de la penitencia, llamado frecuentemente reconciliación o confesión, es un quinto sacramento en las iglesias no protestantes. La reconciliación es el proceso de admisión de los pecados a un sacerdote, quien ofrece absolución al individuo. En las iglesias católicas, frecuentemente la reconciliación tiene lugar en confesonarios, los cuales son pequeños puestos al lado del santuario principal. Estas cabinas permiten al sacerdote y confesor de escucharse uno al otro sin estar cara a cara. En Estados Unidos, pecados confesados a un sacerdote son considerados protegidos y la comunicación no puede ser utilizada en su contra en un tribunal de justicia.

Un sexto sacramento en la tradición ortodoxa y católica es el de órdenes sagradas, que incluyen obispos, diáconos, sacerdotes, monjes y monjas. Ordenación es el proceso por el cual estas órdenes sagradas son encomendadas a un candidato o iniciado, una persona que ha optado por un compromiso de por vida al servicio de la iglesia y quienes expresan el compromiso con los votos. En la Iglesia Católica Romana, pobreza, obediencia y celibato son requisitos para los que toman las órdenes sagradas. Los candidatos de la Iglesia Ortodoxa Oriental comparten estos votos, aunque los sacerdotes pueden ser ordenados si ya están casados. Sin embargo, si en la actualidad son solteros o viudos, no pueden casarse después de su ordenación. Los protestantes no consideran que el orden sagrado sea un sacramento, pero sí ordenan pastores, obispos y diáconos. En las iglesias protestantes, el celibato no se requiere de los ordenados, y algunas iglesias han ampliado los ritos de ordenación para grupos tradicionalmente poco representados, como mujeres y homosexuales.

El sacramento final es conocido también como la unción de los enfermos, unción santa, o la extrema unción. En las iglesias ortodoxas, la unción con aceite está a disposición para personas enfermas, aun si no están cerca de la muerte. En el catolicismo, aunque no es necesario estar a punto de morir para recibir el sacramento, el Vaticano reserva este ritual para aquellos «en peligro de muerte por enfermedad o vejez», según el *Catecismo de la iglesia católica*. La unción de los enfermos es una oportunidad para que la persona enferma o moribunda se prepare para la muerte. El sacerdote que realiza la extrema unción oye la confesión de la persona moribunda y lo absuelve de sus pecados, y luego el sacerdote ofrece la eucaristía como un recordatorio de la resurrección. Esta eucaristía final se llama *viático*.

Junto con estos ritos sacramentales, la mayoría de cristianos comparten una serie de días festivos durante el año. Los más importantes son en la primavera, empezando con el Miércoles de Ceniza y continuando a través de la Cuaresma, un período de cuarenta días de preparación concluyendo con la celebración de la Pascua. La cuaresma está a menudo marcada por el ayuno, la oración y actos de piedad por los cristianos que observan esta festividad. La cuaresma conmemora los últimos días en la vida de Jesús y culmina con la Semana Santa. La Semana Santa comienza con el Domingo de Ramos, recordando la entrada triunfal elogiada de Jesús a Jerusalén antes de su traición. El siguiente jueves se conoce como el Jueves Santo, *maundatum* palabra latina que significa mandamiento, que recuerda la última cena de Jesús con sus discípulos y su mandamiento de «que os améis los unos a los otros» (Juan 13.34–35). El día siguiente se recuerda como Viernes Santo, recordando el día de la crucifixión, y es seguido por la celebración del Domingo de Resurrección. Los cristianos ortodoxos orientales usan un calendario diferente de los católicos y cristianos protestantes para calcular la fecha de Pascua, y todas las tradiciones tienen una fecha cambiable de días festivos para coordinarlos con la luna llena después del equinoccio de primavera. Cincuenta días después de Pascua, los cristianos celebran Pentecostés, recordando cuando Dios envió al Espíritu Santo para formar la iglesia cristiana (Hechos 2.1–4).

Una segunda temporada santa ocurre a finales de otoño y principios del invierno, compuesto por cuatro domingos de Adviento llegando a la Navidad, y continuando hasta la Epifanía. El adviento es considerado como un tiempo de preparación para Navidad, así como Cuaresma es para la Pascua, pero es generalmente considerado como más festivo; por ejemplo, no es necesario ayunar durante Adviento, como lo es durante la Cuaresma. Domingos de Adviento son usualmente marcados con la iluminación de cuatro velas para marcar las semanas que pasan. Esta iluminación de velas culmina con un servicio de Nochebuena en que se enciende la vela de Cristo, y se conmemora el nacimiento de Jesús como «la luz del mundo» (Juan 8.12). Muchos cristianos también iluminan sus casas y árboles de hojas perenne para celebrar las fiestas. La fecha de Navidad es otra que varía basado en denominación. Protestantes y católicos celebran el 25 de diciembre según el calendario gregoriano; cristianos ortodoxos griegos celebran Navidad según el viejo calendario juliano, que resulta en la fecha 7 de enero para Navidad, y armenios cristianos ortodoxos celebran Navidad el 19 de enero. Doce días llamado tiempo de Navidad siguen a la celebración de Navidad que conduce a Epifanía, que significa «manifestación». Durante la Epifanía, los cristianos recuerdan la llegada de los Reyes Magos como se dice en Mateo 2.1–12, así como otros milagros en la que el poder de Dios se manifiesta a través de Jesús.

Algunos cristianos no celebran los ritos, rituales o fiestas anteriores. La diversidad cristiana da origen a tantas prácticas sagradas como creencias cristianas existen. Por ejemplo, los Testigos de Jehová no celebran Semana Santa o Navidad, y ofrecen la Cena del Señor, que llaman el Memorial, solo una vez al año. Para otro ejemplo, los protestantes no creen en el Sacramento de la Penitencia. Al contrario, consideran que el perdón debe pedirse directamente de Dios, no a través de un intermediario sacerdotal. Esta diversidad no debe hacer creer que algunos cristianos son «más auténticos» que otros, sino que simplemente indica la forma en que el mensaje muy antiguo de Jesús ha sido apropiada para ser significativo a una amplia variedad de creyentes.

LECTURAS ADICIONALES

Asbridge, Thomas. *The First Crusade: A New History*. Oxford: Oxford UP, 2005.

Browning, W.R.F., ed. *Diccionario de la Biblia: guía básica sobre los temas, personajes y lugares bíblicos*. Barcelona: Paidós Ibérica, 1998.

Coogan, Michael y otros. *The New Oxford Annotated Bible with Apocrypha*. Oxford: Oxford UP, 2010.

Ferguson, Everett. *Backgrounds of Early Christianity*. Eerdmans: Grand Rapids, 2003.

MacCollough, Diarmaid. *Christianity: The First Three Thousand Years*. Nueva York: Penguin, 2010.

Nichols, Stephen J. *The Reformation: How a Monk and a Mallet Changed the World*. Wheaton, IL: Crossway, 2007.

Payton, James R. *Light from the Christian East: An Introduction to the Orthodox Tradition*. Downers Grove, IL: Intervarsity Press, 2007.

*Hombre
orando en una
mezquita*

ISLAM

INTRODUCCIÓN

El islam tiene muchas características en común con judaísmo y cristianismo. Estas tres religiones comparten el mismo Dios, tienen profetas similares, y la misma visión lineal de la historia humana con un comienzo, un punto medio, y el día del juicio final. Las tres también comparten a Abraham como un ancestro común y, por lo tanto, se llaman a menudo las religiones abrahámicas. Algunas personas llaman a los musulmanes, los judíos, y los cristianos la «gente del libro» porque creen que las tres religiones tienen escrituras reveladas por Dios. Sin embargo, a pesar de sus puntos en común, muchos judíos y cristianos malentienden el islam. Este capítulo aportará una mejor comprensión de las creencias y prácticas islámicas mientras que, al mismo tiempo, corregirá conceptos erróneos muy comunes que sostienen los que no son musulmanes.

HISTORIA

En el siglo VI E.C., la ciudad de La Meca en la Península Arábiga era un bullicioso centro de comercio y religión. Dentro de la ciudad había una piedra muy antigua, posiblemente un meteorito, que se había convertido en un lugar de peregrinación dedicado a las deidades locales. Aunque la religión común en Arabia era politeísta, este lugar de peregrinación también era conocido por judíos y cristianos. Los peregrinos religiosos trajeron prosperidad económica y comercio abundante a La Meca. Mahoma nació en esta diversidad religiosa alrededor del año 570 E.C.

Los primeros años de vida de Mahoma fueron difíciles. Sus padres murieron cuando él era todavía joven, dejándolo huérfano y analfabeto. Fue criado por un tío, pero nunca recibió una educación formal. Cuando tenía unos veinte años, trabajó con una compañía de caravanas y se enamoró de Khadija, la dueña de la caravana y prima lejana de Mahoma. Se casaron cuando él tenía veinticinco años y ella tenía cuarenta. Juntos tuvieron dos hijos y cuatro hijas.

A medida que crecía, Mahoma comenzó a meditar en las cuevas de las montañas en las afueras de La Meca. A través de sus viajes con la caravana, Mahoma se había encontrado con el judaísmo, el cristianismo, y probablemente el zoroastrismo, todos los cuales comparten la creencia en un Dios, o

Alá en árabe. Mahoma también había experimentado la diversidad religiosa de La Meca, pero él creía que la adoración de muchos dioses favorecida por la mayor parte de su pueblo era idolatría. Según la tradición islámica, en el 611 E.C., Mahoma estaba en contemplación sobre estas cuestiones religiosas, cuando recibió una revelación. El ángel Gabriel, a quien los musulmanes se refieren como Yibril, se le apareció diciendo: «¡Recita!». Mahoma, aunque sin educación, se sometió a la orden de Dios. Él recordó y recitó las palabras de Yibril, que fueron enviadas por Dios, y este acto de sumisión dio al mundo el Corán (ver «Textos sagrados»).

Las revelaciones a Mahoma ocurrieron durante un período de varios años, pero el mensaje que recibió fue siempre coherente: Dios es uno, y todas las personas deben someterse a la voluntad de Dios. La religión que con el tiempo se desarrolló a partir de estas revelaciones se llama «islam», que significa «sumisión». El que se somete a la voluntad de Dios es conocido, por lo tanto, como musulmán.

El sometimiento de Mahoma a Dios tuvo consecuencias inmediatas e importantes. En primer lugar, las revelaciones a Mahoma se recogieron y se convirtieron en el Corán, que fue terminado y cerrado dentro de una generación después de la vida de Mahoma. Además, como lo había ordenado Yibril, Mahoma fue a la ciudad de La Meca para proclamar la unicidad de Dios, una creencia conocida como monoteísmo (ver «Creencias principales»). Sin embargo, el politeísmo estaba profundamente arraigado en la cultura que lo rodeaba, por lo que las proclamas de Mahoma no fueron bien recibidas y las pocas personas que se convirtieron fueron cruelmente perseguidas. Con el tiempo, Mahoma y el pequeño grupo de conversos se vieron obligados a huir a Yathrib, un lugar cercano que más tarde se denominó Medina, para evitar la persecución. Este evento, en el 622 E.C., se conoce como la Hégira, o la migración, y los calendarios musulmanes datan de este año. Por ejemplo, 2011 en el calendario común es el año 1432 dH, después de la Hégira.

En Yathrib, la situación de Mahoma mejoró, aunque no era perfecta. El Profeta recibió cierta autoridad política, y los musulmanes fueron reconocidos como una de las tribus de la ciudad. Sin embargo, se creó una ordenanza para proteger a otras religiones en la ciudad, incluyendo el cristianismo y el judaísmo. Mahoma estaba particularmente en conflicto con la población judía de Yathrib, y fue durante este tiempo que Mahoma comenzó a alentar a sus creyentes a orar mirando a La Meca en lugar de a Jerusalén. En Yathrib, el número de musulmanes convertidos creció rápidamente, y por el año 630 E.C., Mahoma regresó a La Meca junto con 10,000 seguidores musulmanes para tomar la ciudad y a volver a dedicar el santuario de la piedra sagrada, llamada Kaaba, a Alá. A partir de esa fecha, la Meca se convirtió en una ciudad musulmana y sigue siéndolo hasta el día de hoy. En la actualidad, la ley saudí prohíbe que los que no son musulmanes entren en la ciudad santa.

Mahoma vivió solo dos años más después de su victoria en La Meca. Murió en el año 632 E.C. En su funeral, su buen amigo Abu-Bakr dijo: «Si alguno adora a Mahoma, Mahoma está muerto, pero si alguien adora a Alá, él está vivo y no muere». Las palabras de Abu-Bakr sirven para recordarnos que incluso en esta fecha temprana en la historia del islam, Mahoma no fue considerado como una deidad que debía ser adorada. Desde su primera revelación hasta su muerte, la gente entendió que Mahoma era plenamente humano. Los musulmanes creen que su sometimiento hizo posible la revelación del Corán, que es un milagro y una bendición, pero el propio Mahoma no era perfecto. En su lugar, los musulmanes llaman a Mahoma «El Profeta», a menudo con la designación LPSCE, lo que significa «La paz sea con él».

Después de su muerte, Mahoma no tuvo heredero varón para convertirse en su sucesor. Aunque Mahoma tuvo un número de hijos durante su vida, solo le sobrevivió Fátima, su única hija. Como resultado de esto, surgió un conflicto sobre cómo debería ser elegido el nuevo líder. Una facción alegó que los futuros líderes deberían ser elegidos por la comunidad y no necesitaban estar biológicamente relacionados con el Profeta. El otro lado sostuvo que el liderazgo debería permanecer dentro de la familia de Mahoma. Esta diferencia de opinión creó una división, agravada por la sospechosa muerte de Alí, yerno de Mahoma y su posible sucesor y heredero, en el año 661 E.C. La muerte de Alí, así como la muerte de Husein, hijo de Alí, en la batalla de Karbala (Irak moderno) en el año 680 E.C., solidificó la división entre estos dos grupos. Hoy en día el islam se mantiene dividido entre dos facciones principales. El grupo que defiende la elección de líderes extraídos de la comunidad se llama suní, y el grupo que promueve el liderazgo de la familia de Mahoma es denominado islam chií (ver «Divisiones principales»).

A pesar de estas divisiones internas sobre el liderazgo, el islam se extendió rápidamente después de la muerte de Mahoma. En el 711 E.C., la influencia islámica se había extendido hacia el oeste hasta España, aunque su expansión hacia el norte en Europa fue detenida en el año 732 E.C., en la batalla de Tours. Las comunidades musulmanas también se trasladaron a África del Norte, Judea y Persia. Durante los siguientes trescientos años, el islam comenzó a extenderse en la India y en otras partes de Asia. A medida que el islam se expandió geográficamente, los musulmanes desarrollaron fuertes posiciones religiosas y políticas en los países conquistados, y a menudo experimentaron conflictos con sus vecinos cristianos. Uno de los mayores conflictos fue sobre la ciudad de Jerusalén, que se tradujo en cruzadas que duraron siglos.

Al entrar en la era moderna, el islam ha luchado a menudo con los cambios de la modernidad. De particular preocupación es la percepción de las actitudes liberales en muchas naciones no musulmanas. En las zonas predominantemente islámicas, la «occidentalización» se equipara a menudo con una moralidad relajada y se han tomado medidas para limitar la influencia occidental. Tal vez el ejemplo más conocido de este rechazo es la revolución iraní, que se produjo en 1979. En ese año, los iraníes derrocaron al Sha de Irán, quien tenía el apoyo de Estados Unidos, e instalaron al ayatolá Jomeini como jefe de gobierno. Los ayatolás son principalmente líderes religiosos (ver «Divisiones principales»), pero en este caso los dirigentes religiosos y gubernamentales eran sinónimos. Irán es un fuerte opositor de la «occidentalización» y sigue siendo en la actualidad una teocracia islámica. Los valores islámicos han desempeñado también un papel en la lucha contra la influencia occidental en otros países. Por ejemplo, en África, a principios del siglo XX, muchos países fueron ocupados por las potencias europeas y fueron fuertemente influenciados por misioneros cristianos europeos. Cuando los africanos colonizados se rebelaron contra estas fuerzas de ocupación, muchos abrazaron también el islam como parte de su independencia.

Hoy en día el islam es la religión de más rápido crecimiento en el mundo. Es la religión dominante en muchas naciones de África y Asia, incluyendo Indonesia y Marruecos, y en Estados Unidos hay aproximadamente 2.6 millones de musulmanes.

PRINCIPALES CREENCIAS Y PRÁCTICAS

Los cinco pilares del islam son las creencias y rituales que conforman las prácticas principales de la religión.

Shahadah

El primer pilar del islam es la profesión de fe y se denomina Shahadah. La recitación del Shadadah por un mínimo de dos personas de buena fe es todo lo que se necesita para ser considerado un musulmán. Los creyentes incorporan el Shadadah en las oraciones diarias, los padres lo susurran a sus bebés al nacer y la esperanza de los fieles es tener esas palabras en sus labios en el momento de la muerte.

Las dos creencias más importantes del islam se resumen en el Shadadah, que dice: «No hay más dios que Alá, y Mahoma es el Profeta de Alá». El monoteísmo y la línea profética, como se resumen en esta declaración, constituyen el núcleo del islam.

En primer lugar y por encima de todo, el islam es una religión monoteísta. Los musulmanes creen en la unicidad de Dios, y que este Dios único está separado de la humanidad, aun cuando mantiene su relación con ella. Dios creó el mundo, es soberano sobre el mundo, y juzgará a sus habitantes en el día de la resurrección. Por encima de todo, para los musulmanes devotos:

Alá es uno.
Alá es aquél de quien todos dependemos.
Él no engendra ni es engendrado.
Y nadie es como él. (Sura 112)

Como ya se mencionó, los musulmanes se refieren a Dios con el título árabe Alá. Algunos que no son musulmanes creen que este título indica que los musulmanes adoran a un Dios diferente al de los judíos o los cristianos, pero este no es el caso. De hecho, los cristianos que hablan árabe también se refieren a Dios como Alá.

La segunda parte del Shadadah declara, «Mahoma es el Profeta de Alá». La designación de Mahoma como el Profeta (*rasul* en árabe) no significa que él era divino, ya que eso se opondría al monoteísmo estricto del islam. Tampoco quiere decir que él era un pronosticador, como la comprensión popular de la palabra «profeta» podría sugerir. Por el contrario, lo coloca como el último en una larga serie de personas que hablaban a la humanidad en el nombre de Dios, incluyendo a muchas figuras reconocidas por los judíos y los cristianos: Noé, Abraham, Ismael, Moisés, Juan y Jesús, entre otros. Los musulmanes sostienen que, a lo largo de los siglos, estos profetas han proclamado la unicidad de Dios y la necesidad de sumisión a la voluntad perfecta de Dios. La historia coránica de Noé es un buen ejemplo de este énfasis en la proclamación. En la Torah judía y el Antiguo Testamento cristiano, Noé no habla en absoluto en los días previos a la inundación. En el Corán, sin embargo, Noé ofrece un largo discurso que comienza con la convocatoria a la sumisión: «¡Oh pueblo mío! En verdad soy una simple voz que les advierte: que ustedes deben servir a Alá, y tener cuidado con (su deber a) Él» (Sura 71). Los musulmanes creen que el pueblo no recibió debidamente el mensaje de Noé, que el mensaje fue manipulado a través del tiempo, o que se quedó en el olvido hasta la revelación a Mahoma, después de la cual no se necesitaban más revelaciones. Por esta razón, los musulmanes a menudo se refieren a Mahoma como el «Sello de los profetas»; es decir, que a pesar de que muchos profetas vinieron antes que él, ya no habrá otros. Mahoma es el profeta final y más grande en esta sucesión.

Salat

El segundo pilar es salat, u oración diaria. Un musulmán devoto debe orar cinco veces al día —antes del amanecer, al mediodía, en la tarde, después del atardecer y por la noche— en dirección a la ciudad santa de La Meca. Los creyentes son llamados a la oración por un muecín desde una alta torre llamada alminar en las comunidades musulmanas. La salat incorpora acciones específicas para la persona que está orando. En primer lugar, el creyente se lava las manos, los brazos, la cara y los pies, entonces él o ella limpia un espacio para la oración, a menudo con una alfombra de oración. A continuación, la persona se para enfrentando La Meca, se inclina y se postra, lo cual significa arrodillarse en el suelo y tocar el suelo con la cabeza y las manos. Entonces él o ella recita las oraciones en árabe, aunque la persona entienda o no el idioma árabe. Por supuesto, no todas las oraciones son tan estructuradas como la salat; la oración espontánea puede ocurrir en otros momentos. Sin embargo, por medio de dicha reglamentación, la salat está destinada a crear un sentimiento de unidad con otros creyentes, de que todos están diciendo las mismas palabras, en la misma dirección, y posicionando sus cuerpos de la misma manera a horas similares durante todo el día.

Los viernes, las oraciones del mediodía se dicen a menudo en la mezquita, el lugar de culto para la comunidad. Las mezquitas son muy diferentes a las sinagogas o iglesias; por ejemplo, carecen de asientos, ya que una parte de la oración salat requiere que la gente esté postrada. En su lugar, una alfombra gruesa o alfombras de oración son una característica muy común. A diferencia de muchas iglesias o sinagogas, en la mezquita los hombres y las mujeres siempre oran por separado. Las mezquitas también carecen de representaciones artísticas de Dios, personas o animales como protección en contra de la posible idolatría. En su lugar, las mezquitas están a menudo adornadas con intricada caligrafía o arte geométrico. Por último, el líder de la mezquita, el imán, no es un miembro del clero debidamente entrenado sino un miembro respetado de la comunidad que interpreta el Corán y dirige las oraciones.

Sawm

El tercero de los cinco pilares es el sawm, el ayuno durante el mes de Ramadán, el noveno mes del calendario lunar islámico. Durante este mes, según la tradición, el Profeta recibió la primera revelación del Corán. El ayuno durante el mes de Ramadán requiere la abstinencia total de alimentos, bebidas, tabaco, y relaciones sexuales entre el amanecer y la puesta de sol durante todo el período de veintiocho días. En cambio, los creyentes deben descansar, orar, actuar con caridad, y estudiar el Corán a partir de la madrugada, que se determina por la capacidad de distinguir un hilo blanco de un hilo negro. Tan pronto como cae la oscuridad, cuando los hilos son indistinguibles, los amigos y familiares se reúnen para romper el ayuno, a menudo con una gran celebración. El mes de ayuno puede ser una prueba rigurosa, sobre todo cuando Ramadán se produce durante el verano, cuando las horas del día son largas y calurosas. Debido a esto, las mujeres embarazadas o en lactancia, los niños y los enfermos están exentos del ayuno para su propia protección. Al final del mes lunar, los musulmanes celebran una fiesta de tres días llamado Eid al-Fitr, o la fiesta para interrumpir el ayuno.

Zakat

El cuarto pilar es zakat, o actos de caridad y bondad. Zakat consiste en dar un porcentaje anual obligatorio del patrimonio neto a organizaciones de caridad, aunque no existe acuerdo entre los musulmanes sobre lo que el porcentaje exacto pueda ser. Zakat es interpretado en términos generales, siendo una de las pocas estipulaciones que el dinero debe ser para ayudar a los pobres y necesitados. Ellos pueden donar a cualquier organización benéfica o utilizar su dinero como ellos elijan, siempre y cuando el resultado final sea ayudar a los necesitados. Salvo en unos pocos países islámicos, ninguna figura de autoridad supervisa zakat, y no se requiere que la gente informe sobre sus contribuciones de zakat a los demás, esta obligación es estrictamente entre el individuo y Alá. Por lo tanto, las donaciones a la mezquita para apoyar las operaciones diarias están separadas del zakat, que es por naturaleza claramente benéfico.

Hajj

El quinto pilar es hajj o peregrinación a La Meca, que todo musulmán debe tratar de hacerse una vez en su vida. La peregrinación se realiza durante un período de cinco días en el último mes del calendario lunar musulmán. Cuando los peregrinos llegan, los hombres cambian sus ropas por una sencilla prenda de vestir blanca de dos piezas. La sencillez de la prenda le recuerda a la gente que, en el recinto sagrado, no se hace distinción entre ricos y pobres. Esto forma parte del ihram, el estado de pureza requerido de todos los peregrinos. Las mujeres no están obligadas a usar la vestimenta blanca, pero se les anima a vestirse con modestia. Los creyentes circulan alrededor de la Kaaba, una piedra negra ubicada en la Gran Mezquita, y tratan de tocarla o besarla durante sus circunvalaciones. Después de esto, los creyentes se desplazan a las colinas gemelas de Safa y Marwa, moviéndose rápidamente de una a la otra para recordar la historia de Agar la esposa de Abraham y su frenética búsqueda de agua para su hijo Ismael, cuando estaban exiliados en el desierto. En esta historia, la persistencia de Agar es recompensada con un milagroso manantial de agua, el manantial de Zamzam, y los peregrinos beben de este mismo manantial. A continuación, las personas se desplazan al cercano monte Arafat. Durante la mayor parte del día, los peregrinos ayunan, oran y leen el Corán en Arafat. Esta parte de la peregrinación anticipa el Día del Juicio, cuando al final del tiempo todas las personas se pararán ante Dios para ser juzgados, y es considerado el día más importante de la peregrinación. Entonces, los peregrinos recogen piedras y las lanzan contra varias paredes en Mina durante los próximos días. Las paredes representan al diablo, y el ritual recuerda la derrota del diablo por parte de Abraham cuando él hizo la peregrinación a ese lugar. En este punto, los peregrinos vuelven a menudo a la Kaaba para circunvalar una vez más, y muchos terminarán sacrificando un animal que posteriormente se consume y se comparte con los necesitados. Aquellas personas que no deseen realizar el sacrificio ellos mismos pueden comisionar a otra persona para que lo realice en su nombre. Cuando el peregrino regresa de la hajj, él o ella reciben el nombre de hajji, un título honorífico entre los musulmanes.

A veces, la yihad es considerada como el sexto pilar. Existen muchos malentendidos sobre la yihad, comenzando con la traducción del término. Aunque algunas personas creen que la yihad significa «guerra santa», la verdadera definición es «esfuerzo» o «lucha». La lucha puede tomar la forma de acciones defensivas en contra de los enemigos o persecutores, pero la yihad puede referirse igualmente a la lucha interna de una persona contra la codicia, el egoísmo, y el error. En el hadiz, los dichos tradicionales del Profeta, se narra que Mahoma dijo, «La mejor yihad es pronunciar palabras de justicia frente al gobernante opresor».

Textos sagrados

El texto sagrado central, autoritativo, y universalmente aceptado del islam es el Corán, que también se escribe Qur'an o Corán. El Corán significa «recitación», que invoca tanto el mandato de Gabriel (Yibril) a Mahoma y la importancia de recitar el Corán en voz alta. El Corán recoge las revelaciones dadas a Mahoma durante sus meditaciones en las cuevas en las afueras de La Meca (ver «Historia»). El Profeta las pasó a los primeros musulmanes, que las escribieron poco después de su muerte. Para los musulmanes, un símbolo de la autoridad divina y la inspiración del Corán es que Mahoma, aunque analfabeto, podía ser el conducto para un texto tan bello y poético. El Corán también es reconocido como la revelación final y completa de la unicidad de Dios, superando todas las revelaciones anteriores, incluyendo la Biblia hebrea y el Nuevo Testamento cristiano. Mientras que los musulmanes respetan estos textos como revelaciones anteriores de Dios, en los lugares donde las Escrituras no están de acuerdo, el Corán es siempre la autoridad final.

Cuando el Corán se completó, había 114 suras o capítulos. Con la excepción del primer sura, los capítulos se organizan más o menos por su duración del más largo al menor y no en orden cronológico según la historia, la fecha o la revelación. Por lo tanto, cuando se lee el Corán, se puede notar que la historia del nacimiento virginal de Jesús (Sura 19) aparece antes del de Noé (Sura 71). Las palabras del Corán son más autoritativas en árabe y en forma hablada, y aunque se permiten las traducciones, no se consideran perfectamente inspiradas en la misma forma. Debido a este énfasis, muchos musulmanes se esfuerzan por memorizar y recitar el Corán en árabe. Aquél que es capaz de memorizar todo el texto se conoce como hafiz.

Los musulmanes suníes también reconocen una colección de dichos tradicionales, las acciones y aprobaciones silenciosas (sunna) del Profeta y sus compañeros se conocen como el hadiz. Hay miles de hadices individuales, que tratan sobre una amplia gama de asuntos legales y religiosos y que también relatan historias de la vida ejemplar del Profeta. En el islam suní, estos hadices son estudiados y discutidos entre los expertos junto con el Corán, y sus interpretaciones se utilizan para ayudar a clarificar el comportamiento adecuado diario. Los musulmanes chiíes no reconocen la autoridad de los hadices.

Divisiones principales

Las dos divisiones principales en el islam están enraizadas en una disputa temprana sobre la sucesión del Profeta a raíz de su muerte. En ese momento, él no dejó ningún hijo para asumir el liderazgo, por lo que la comunidad eligió líderes llamados califas para que le reemplazaran. Los tres primeros califas (Abu-Bakr, Omar y Otmán) eran amigos íntimos del Profeta. El cuarto, llamado Alí, era su yerno. Alí fue asesinado, al igual Husayn, su hijo y posible sucesor, por personas asociadas con el califato. Los musulmanes que querían mantener la sucesión en la familia de Mahoma vieron a Alí y Husayn como mártires, lo que resultó en una división permanente. El grupo que siguió a los califas elegidos por la comunidad llegó a conocerse como suníes, en referencia a las tradiciones (sunna o zuna) establecidas por Mahoma. Los seguidores de Alí que creían que el liderazgo debería permanecer dentro de la familia de Mahoma fueron llamados chiíes o chiítas. En la actualidad, los musulmanes suníes representan casi el 90% de la población islámica del mundo. Ésta es la forma dominante del islam en Arabia Saudita, África del Norte, Afganistán, Pakistán, Indonesia y Asia Central. La mayor población chií está en Irán, y existen también poblaciones mayoritarias en Azerbaiyán, Bahrein e Irak.

Los suníes practican una forma del islam que reconoce la autoridad del Corán y se basa en las tradiciones (sunna y hadices) del Profeta para proveer una guía moral (ver «Textos sagrados»). Las comunidades suníes interpretan estos textos, un proceso conocido como *fiqh*, por medio de un consenso, en la creencia de que Dios no permitiría que una comunidad entera pudiera errar en su interpretación. Las comunidades suníes también utilizan el principio de la analogía durante el *fiqh*, respondiendo a nuevas situaciones mediante el paralelismo con interpretaciones anteriores. Como resultado de esto, las comunidades suníes desarrollan diferentes normas y leyes (sharia) en lugares diferentes utilizando estos mismos principios. Cuatro escuelas de derecho se han desarrollado de la práctica interpretativa suní: Hanafi, Maliki, Shafi y Hanbali. Las interpretaciones de estas escuelas son divergentes, y van desde lo tradicional hasta lo liberal. Por lo tanto, la sharia no es una ley islámica singular y universal. Por el contrario, la sharia es un conjunto diverso de leyes con características específicas que son únicas para la cultura y la comunidad que las han interpretado.

El islamismo chií se diferencia del suní en varios aspectos importantes. En primer lugar, donde los musulmanes suníes buscan el consenso en el desarrollo de las leyes comunitarias, los chiíes dependen de los mandatos de los imanes. Los Imanes (la palabra con mayúscula es diferente a la palabra con minúscula «imám», que no es más que un líder de la mezquita) fueron los jefes históricos de la secta chií, comenzando con Ali y continuando en su linaje durante doce generaciones posteriores. Los chiíes entienden que estos doce imanes comparten la autoridad de Alí después de la muerte de Mahoma, y sus directivas a la comunidad son vistas como la autoridad absoluta sobre todos los asuntos hasta el día de hoy. Una secta chií en específico, llamada Duodecimana (o imamí), es única por su naturaleza mesiánica. Aunque la mayoría de los chiíes son Duodecimanos, no todos los musulmanes chiíes forman parte de esta secta. Los Duodecimanos creen que el duodécimo Imám, llamado Al-Mahdi, fue llevado al cielo en cuerpo antes de su muerte, y que algún día volverá para participar en el juicio del mundo. A pesar de que todavía consideran a Mahoma como el último profeta, los Duodecimanos creen que el Mahdi jugará un papel importante durante los últimos tiempos, por lo que esperan ansiosamente su regreso. Mientras tanto, el Mahdi guía a los ayatolás (líderes de alto rango en la tradición Duodecimana), desde su posición en el cielo.

Otra diferencia clave entre las dos sectas está en los textos sagrados que aceptan. Mientras que los musulmanes suníes valoran la sunna (como se recoge en el hadiz) como una importante fuente de la moral y la legislación, los chiíes rechazan esta tradición. Desde el punto de vista chií, los hadices son sospechosos porque no mencionan a Alí como el sucesor legítimo de Mahoma, que es un principio fundamental de la creencia chií. Como la sunna juega un papel clave en la creación de las diversas leyes de las comunidades suníes, no es de extrañar que las comunidades chiíes carezcan de una diversidad jurídica similar. En su lugar, poniendo su confianza en los ayatolás, ellos emplean una estructura más jerárquica para la creación y la aplicación de las normas de la comunidad.

Existe también una secta más pequeña dentro de los musulmanes conocida como sufí, que puede existir por igual dentro de las tradiciones suníes o chiíes. El sufismo es una secta mística del islam que hace hincapié en convertirse en una unidad con Dios mediante la oración y la meditación. La palabra «sufí» es de origen incierto, pero puede estar relacionada con la palabra *suf,* que significa «lana» en árabe y describe las prendas de vestir sencillas del sufí. Este movimiento surgió a partir de una reacción al creciente poder político del islam en el siglo VIII, cuando comenzó a esparcirse. El énfasis principal de la mística sufí es fana, o la extinción de la persona y la unión total con lo divino. Fana se logra a través de prácticas rigurosas de devociones y meditaciones, la más conocida de las cuales es una danza vertiginosa, lo que da lugar a la expresión «derviches giratorios» utilizada para describir a los practicantes sufíes. Los derviches giran en un mismo lugar, con los brazos extendidos y la cabeza hacia un lado, tratando de superar la separación entre ellos y Dios en el trance extático producido por esta danza.

ENTENDER EL ISLAM

Desde septiembre 11 del 2001, ha habido un aumento en el sentimiento antiislámico en Estados Unidos. Incluso diez años después, el Foro Pew informa que casi el 40% de los estadounidenses tienen una percepción desfavorable del islam, y el 35% cree que el islam tiene más probabilidad que las otras religiones de fomentar la violencia (http://pewforum.org/Muslim/Public-Remains-Conflicted-Over-Islam.aspx). Por desgracia, lo que esta intolerancia demuestra, simplemente, es ignorancia; no reconoce ni las estrechas relaciones entre los musulmanes y otras religiones occidentales ni las diversas formas de ser musulmán. En cambio, el prejuicio contra los musulmanes se basa en una imagen estereotipada de los musulmanes como terroristas árabes que adoran a un dios extraño. Sin embargo, el verdadero islam es una religión de buscar la paz mediante la sumisión al Dios unificado de judíos, cristianos y musulmanes mediante la atención al estado interior y exterior de la persona. El grupo más grande de musulmanes en el mundo no es ni siquiera de la Península Arábiga, sino de Indonesia. Aunque los no musulmanes no acepten el islam como su propia fe, corregir estos peligrosos y mal informados estereotipos es el primer paso en el establecimiento de vías de comunicación entre las tres religiones abrahámicas.

LECTURAS ADICIONALES

Arberry, A. J. *The Koran Interpreted: A Translation*. Austin: Touchstone, 1996.

Armstrong, Karen. *Mahoma: Biografía del profeta*. Barcelona: Tusquets, 2008.

Gottschalk, Peter y Gabriel Greenburg. *Islamophobia: Making Muslims the Enemy*. Lanham, MD: Rowman and Littlefield, 2008.

Nasr, Seyyed Hossein. *Islam: Religion, History and Civilization*. San Francisco: Harper San Francisco, 2003.

Pew Forum Research Center. *The Future of the Global Muslim Population*. http://pewresearch. org/pubs/1872/muslim-population-projections-worldwide-fast-growth.

Sonn, Tamara. *A Brief History of Islam*. Oxford: Blackwell, 2004.

Diosa hindú

Hinduismo

INTRODUCCIÓN

El hinduismo es la tercera religión más grande del mundo, y es también una de las más antiguas. El término *hindú* se refiere al río Indo. Cuando los viajeros llegaron a esa zona comenzaron a llamar a los indios, que no eran ni musulmanes ni cristianos, «hindúes» debido a su ubicación. Con el tiempo, este conjunto de creencias (que ahora se entiende como hinduismo) cristalizó dentro de la sociedad india. Aunque la India es en sí un país democrático con una separación oficial de la iglesia y el estado, las tradiciones religiosas del hinduismo están incrustadas en la sociedad india.

HISTORIA

El origen del hinduismo no se puede adjudicar a un fundador, pero los arqueólogos han encontrado evidencia de una civilización prehindú, cerca del río Indo, en parte del Pakistán moderno, que data de alrededor de 3000 A.E.C. Hay varias teorías acerca de cómo surgió el hinduismo, pero es probablemente una mezcla de las creencias de los inmigrantes indoeuropeos en la región, junto con las de la cultura preexistente en la India.

CREENCIAS

A primera vista, el hinduismo puede parecer una tradición politeísta, pero en realidad se clasifica como monismo. El monismo es la creencia de que hay una esencia o realidad última, Brahman, que está dentro de muchas formas. Esto no debe confundirse con las tradiciones monoteístas en las cuales se adora a un Dios. Para el monoteísmo, el concepto de Dios está intacto y separado de todos los demás espíritus. Para el hinduismo, el Brahman es tan grande que sería imposible adorarlo, por lo cual los hindúes adoran a muchos dioses que representan los diferentes atributos de Brahman. Al dividir las partes del Brahman en muchas identidades únicas, los hindúes son capaces de encontrar plenamente lo divino.

Hay deidades con aspectos parecidos a los humanos y otras que parecen animales, incluyendo a Ganesha, el dios con cabeza de elefante que es el que remueve obstáculos. Hay también deidades masculinas y femeninas. Algunas deidades son responsables por la naturaleza, como Indra, el dios de la tormenta. Existe una jerarquía entre los dioses, y los tres principales son el Trimurti, a menudo llamado la trinidad hindú. Ellos representan el círculo completo de la vida: Brahma (que no debe confundirse con Brahman) el creador, Visnú el sustentador y Shiva el destructor.

Brahma pone el mundo en movimiento. Él inicia el proceso, y luego las operaciones diarias pasan a ser responsabilidad de Visnú, que sostiene la existencia con la ayuda de Shiva. En el hinduismo, no existen ni el mal ni el infierno, aunque se reconoce que hay demonios. Sin embargo, los demonios no se definen como malos, sino que ellos rechazan su deber religioso (dharma) y en su lugar actúan de forma egoísta. Este egoísmo los distingue de los devas (las deidades hindúes), que son defectuosas y a veces cometen errores, pero que en última instancia todavía se someten al dharma. Así es que, a pesar de que Shiva es el dios de la destrucción, eso no quiere decir que Shiva es malo sino, más bien, este enfoque sobre la destrucción no es más que un reconocimiento de que las cosas llegan a su fin. Visnú y Shiva trabajan juntos en una asociación de conservación, destrucción y restauración. Las muchas aventuras de las deidades hindúes son capturadas en un gran número de escrituras hindúes.

Escrituras sagradas

Los hindúes tienen dos cuerpos principales de Escrituras: sruti («oído») y smriti («recordado»). Los hindúes creen que el sruti fue revelado por las divinidades a los hombres santos. El sruti incluye los Vedas, que son los más antiguos textos hindúes, y la adición posterior de los Upanishads.

El smriti son escrituras atribuidas a la creación humana que también son respetadas y adoradas. Éstas incluyen las historias épicas de los dioses (Mahabharata y Ramayana), las Leyes de Manu (Código Civil), y los Puranas (más mitología y genealogías de las familias reales).

Los Vedas (que significa literalmente «verdad») están escritos en sánscrito y se dividen en cuatro secciones: Rig (himno) Veda, Yajur (ceremonial) Veda, Sama (cánticos) Veda, y Artharva (oraciones prácticas) Veda. El Rig Veda es el más antiguo y es considerado como el más importante porque contiene las historias de la creación del universo.

Más tarde se produjo un cambio en la comprensión del culto dentro de los Upanishads, que significa «sentado cerca». Los Upanishads muestran las formas intangibles de adorar a los dioses con el corazón y la mente en lugar de exteriormente a través de cantos, bailes o sacrificios.

Los Upanishads también esbozan una comprensión básica del universo y establecen las pautas sobre cómo las personas deben vivir sus vidas. Dentro de las muchas formas del Brahaman, los seres humanos están incluidos, y el alma humana se llama el atman. Cada ser humano nace dentro del samsara, que es el ciclo del nacimiento, la vida, la muerte y el renacimiento. Aunque el atman está atrapado en el samsara, existe una ley universal de acción, karma, que impulsa el comportamiento basándose en el dharma del individuo, en su deber o en su responsabilidad en la vida.

Karma no es solo la idea de que «lo que va, vuelve». Para los hindúes, el concepto del karma es más complejo. En la vida de una persona, suceden cosas tanto positivas como negativas como una consecuencia natural de las acciones de esa persona, no solo en esta vida, sino también en las vidas pasadas. Estas consecuencias positivas y negativas no solo son necesariamente el resultado de si una persona ha sido «buena o mala», sino más bien de la manera en que él o ella ha observado su deber religioso, o dharma.

El dharma de una persona se determina en función de su casta y su etapa de la vida. El dharma guiará las decisiones de una persona en la obtención de karma positivo y minimizando el karma negativo. En el ciclo del samsara, el atman es reencarnado y recibe oportunidades repetidas para desarrollar un karma positivo. Durante el transcurso de varias vidas, el atman que ha eliminado el karma negativo será liberado del samsara y se reunirá con Brahman. Esta liberación se llama moksha.

Una idea importante en el hinduismo es la de «maya» o ilusión. Este mundo en el que estamos viviendo es, en última instancia, transitorio. Por lo tanto, uno no debe apegarse demasiado al mundo físico y perder de vista la interrelación de la existencia. Todo es uno. Todo es Brahman. Esta es la realidad central del hinduismo. Sin embargo, en su vida diaria, muchos hindúes se centran menos en la búsqueda de la moksha y más en la vida de la religión, que incluye prácticas rituales, celebraciones y la interacción de la comunidad.

Epopeyas

Las grandes epopeyas constituyen una categoría de los muchos textos sagrados hindúes, cayendo en la tradición smriti. Tal vez el más significativo de estos poemas épicos se llama el Mahabharata, que es probablemente el poema épico más largo de la historia. Esta epopeya se centra en las cuatro metas de la vida más importantes para un hindú: dharma (deber), kama (placer), artha (éxito) y moksha (liberación). Cuenta la historia de ciertos primos, los Pandavas y los Kauravas, que están luchando por el trono del reino. La historia está escrita para que el lector simpatice con los Pandavas, el personaje principal es Arjuna, el príncipe guerrero que está dirigiendo a su familia en la batalla.

El decimosexto capítulo del Mahabharata es el Bhagavad Gita, uno de los textos hindúes más famosos y reverenciados. A menudo llamado el Gita, esta narrativa se centra en un diálogo entre Arjuna y Krishna. Krishna es un avatar (otra manifestación física) de Visnú, la deidad conservadora, pero Arjuna no se da cuenta de que está hablando con Krishna. Arjuna tiene un conflicto interior acerca de ir a la batalla porque se da cuenta que a pesar de los muchos años de guerra, nada se ha resuelto. Él sabe que al otro lado del campo su familia va a morir en esta batalla. Krishna, disfrazado como el auriga de su carruaje está, tanto en sentido literal como figurado, empujando a Arjuna a la batalla. Krishna explica a Arjuna la responsabilidad que tiene de cumplir con su dharma, que incluye tanto cumplir con su papel de guerrero como buscar la inmortalidad del alma.

Krishna también le dice a Arjuna que existen caminos de yoga (unión) con Brahman que se pueden practicar para comprender mejor su papel en la sociedad y su relación con Brahman. Los tipos de yoga son el karma yoga (unión de acción o las buenas obras), el jñana yoga (unión de la sabiduría a través del estudio de las escrituras), el raja yoga (unión por meditación), el hatha yoga (unión energética) y el bhakti yoga (unión en devoción con las deidades). Por fin, Krishna revela su identidad a Arjuna. En ese momento, Arjuna cae de rodillas maravillado y se decide a luchar.

El Ramayana, otra gran epopeya, sigue a otro avatar de Visnú, llamado Rama. Rama es muy querida en el hinduismo, porque él es el héroe ideal. Rama nace como príncipe guerrero y está destinado a heredar el trono del reino de Ayodhya. Su padre, el rey, está dispuesto a nombrarlo heredero cuando una de sus esposas (no la madre de Rama) viene y le recuerda la promesa que el rey le hizo cuando estaba muy enfermo y esta esposa estaba cuidándolo. El rey prometió que Baharata, el hijo de ella, sería el heredero. Al oír esto, Rama anima a su padre a que cumpla con su palabra. Rama está de acuerdo en irse de Ayodhya junto con su esposa Sita y su otro hermano Lakshamana. Ellos instalaron un campamento en el bosque y Rama lleva una vida de sencillez y humildad, salpicada de ocasionales actos de heroísmo. Por ejemplo, una vez él combate a un demonio que ha estado atacando a los gurús (maestros espirituales) que viven en el bosque. Este demonio es en realidad un músico, que se encuentra bajo una maldición, y al derrotarlo, Rama levanta la maldición y devuelve a este demonio su forma humana.

En un momento dado, Rama deja sola a Sita y el malvado rey demonio Ravana la secuestra. Cuando Rama regresa, ve que Sita ha desaparecido y empieza a buscarla. Con la ayuda del leal rey mono Sugriva y de la deidad mono Hanuman, Sita es rescatada de la tierra de Lanka. Después que Hanuman devuelve a Sita sana y salva a Rama, Hanuman hace que su ejército construya un puente para que Rama lo cruce, y para que Rama pueda ir a combatir a Ravana una vez por todas y por último derrotar al rey de los demonios. Después, Rama pone en duda la pureza de Sita después de su larga estancia en casa de otro hombre, y como resultado de esto, Sita tiene que soportar una «prueba de fuego», entrando por su propia voluntad en una pira para demostrar su pureza. Ella sale ilesa del fuego, defendiendo de esta manera su pureza ante Rama, y todos vuelven a Aydhoya. Su regreso marca la celebración del Diwali, el festival de las luces, que conmemora las lámparas que se alineaban en el camino a casa.

Culto

Los Upanishads esbozan un cambio en la manera en que adoran los hindúes de la expresión externa de la fe a una que está más enfocada al interior. No hay un día específico en el cual adoran los hindúes. En su lugar, ellos adoran en cualquier día de la semana en un mandir o templo. Algunos templos crean calendarios individuales de culto comunal, pero la mayoría están abiertos todo el tiempo. Los practicantes de la fe pueden pasar a adorar por su propia cuenta en cualquier momento. Los sacerdotes celebrarán un culto ritual a los dioses, denominado puja, en nombre de la comunidad todos los días.

Puja toma muchas formas, desde oraciones simples o de mediación hasta bañar y vestir a las deidades. La mayoría de los templos están dedicados a una deidad específica. Muchos templos están dedicados a Visnú o Shiva debido a su importancia en la vida cotidiana. Los sacerdotes mantienen contentos a los dioses en los templos porque se cree que los templos son los hogares de los dioses, y si ellos no están protegidos, los dioses abandonarán los templos. La mayoría de los templos suelen contener imágenes dedicadas a la deidad central del templo. Para los hindúes, se entiende que las imágenes físicas de los dioses son representaciones de la esencia más grande que es Brahman. En la adoración ante estas imágenes, los hindúes están mostrando su sumisión a esta realidad más amplia, no la adoración de la imagen en sí.

La mayoría de las familias hindúes también tienen santuarios domésticos. El santuario del hogar, por lo general, está dedicado a una deidad central y presenta una imagen o estatua de la deidad. La familia pondrá fotos de sus seres queridos fallecidos, flores e incienso alrededor del santuario en honor a la deidad. La familia también realizará puja a la deidad, lo que implica decir oraciones o cánticos, y a veces dejar comida para la deidad. Tanto en el culto del templo como del hogar, la gente baña y viste a las deidades como una señal de respeto, alabanza, amor y gratitud.

La popularidad de ciertas deidades hogareñas se basa tradicionalmente en la ubicación geográfica. Cada aldea tendría una deidad en particular; pero a medida que las aldeas crecieron, las regiones empezaron a influirse mutuamente. Hoy en día, la familia, no la aldea, determinará qué deidad estará en el centro del santuario hogareño. Otras deidades, según la necesidad, también pueden ser incluidas en el santuario. Por ejemplo, Ganesha, el que remueve obstáculos, es una deidad popular a quien recurrir en tiempos de adversidad.

El concepto del yoga es también parte de la adoración en el hinduismo. El yoga, relacionado con el concepto de la unión, se refiere a las diversas vías de unión con Brahman. En Estados Unidos, yoga se refiere generalmente a un ejercicio realizado en un gimnasio. Este tipo de yoga se llama hatha yoga, o yoga «de fuerza». Hatha yoga es la práctica de equilibrar los componentes del cuerpo físico y la alineación de la respiración de uno mismo con el aliento final de la vida. Yoga es solo una vía entre las muchas posibles vías para la unión con Brahman.

Hay otros cuatro caminos del yoga para la unión con Brahman: el karma yoga, el jñana yoga, el raja yoga y el bhakti yoga. El karma yoga es la práctica de la caridad o la unión por acción, haciendo hincapié en las buenas obras. El jñana yoga es la práctica de los conocimientos que subyace a la verdad de la realidad, la diferencia entre nuestra siempre cambiante existencia física y la naturaleza eterna de Brahman. Se entiende a menudo que es más una búsqueda académica. El raja yoga es la búsqueda de la unión con Brahman a través de la meditación y la concentración mental. Por último, el bhakti yoga es el camino a la unión por la devoción a las deidades en el templo y por medio del puja hogareño. Una persona puede practicar una o todas estas formas de yoga.

Sectas

Dos importantes sectas del hinduismo son el vaisnavismo, centrándose en Visnú, o el Shivaísmo, centrándose en Shiva. Otra secta llamada Shaktismo se centra en el aspecto divino femenino, las múltiples formas poderosas de Shakti.

En el vaisnavismo, la gente adora las diez encarnaciones de Visnú. Cada vez que Visnú baja a la tierra, su misión es ayudar a la humanidad. Este concepto de la encarnación da forma a la relación entre los seres humanos y Visnú. Los vaisnavismitas creen que Visnú es un dios personal y se esfuerzan por desarrollar una relación con él. Típicamente, un vaisnavismita se puede distinguir por la marca blanca en la frente en forma de «V» con un punto rojo en el centro que representa a Lakshmi, la esposa de Visnú.

Los practicantes del shivaísmo creen en Shiva como el dios supremo. Aunque es ampliamente reconocido como el dios de la destrucción, Shiva está también, al mismo tiempo, recreando. Por ejemplo, a veces los bosques se incendian con el fin de estimular el nuevo crecimiento. De manera similar, las acciones destructivas de Shiva crean oportunidades para que la vida nueva surja. Los shivaístas creen que Shiva está separado de los seres humanos y es diferente a ellos. Tradicionalmente, los shivaístas se ven con tres líneas horizontales en sus frentes que simbolizan la Trimurti. Una línea roja vertical en el centro simboliza la naturaleza de Shiva, que todo lo sabe.

El shaktismo se centra en Shakti (la energía femenina divina) en la forma de la diosa, que tiene muchos nombres. Shakti es la Diosa Madre, la fuerza creativa del universo, la esencia de la fertilidad, y el complemento a la energía masculina del shivaísmo o vaisnavismo. Shakti tiene muchas formas, incluyendo a Parvati (la diosa-madre compasiva), Durga (la diosa guerrera), y Kali (diosa de la destrucción).

A pesar de que cada una de estas sectas se centra en una deidad en particular, la mayoría de los hindúes también adoran a otros dioses y también participan en puja a estas deidades. Por ejemplo, la celebración del Durga Puja es una fiesta popular que rinde homenaje a los cambios de estación a principios del otoño, con Durga como la deidad central. El festival se celebra comúnmente en el sur de la India.

Días festivos y festivales

No todos los hindúes celebran todas las fiestas. A veces, las celebraciones se basan en la distribución geográfica, y algunas veces las celebraciones son practicadas por una secta particular del hinduismo. Por ejemplo, los shivaístas celebran el Shiva Ratri, que es una adoración de Shiva que dura toda la noche, mientras que los vaisnavismitas celebran el Rama Navami (el culto de Rama) o Krishna Janmashtami, que es la celebración del cumpleaños de Krishna.

Muchas fiestas se basan en las historias de los dioses. Por ejemplo, Diwali es uno de los días de fiesta más celebrado y está basado en el Ramayana. Diwali, el festival de las luces, se considera como el regreso a casa de Rama y Sita, y la afirmación de la renovación de la vida. Algunos dicen que la celebración de la luz es también el reconocimiento del atman interior, o de la luz divina del individuo. Éste es un momento en que las familias intercambian regalos y se reúnen para las celebraciones.

Otras fiestas se centran en determinados aspectos de la naturaleza. Por ejemplo, Holi es el festival de primavera, a veces llamado el festival de colores. Tradicionalmente, este festival tiene un espíritu joven y alegre, a veces con bromas amistosas y el lanzamiento de polvos de colores de unos a otros. Este juego inocente es en honor del dios Krishna y su esposa Radha, que representan el amor romántico e infantil.

DEMOGRAFÍA

Hay más de 800 millones de hindúes en todo el mundo. Más del ochenta por ciento de los indios son hindúes en comparación con menos del uno por ciento de los estadounidenses.

*Monjes
estudiantes en
Kathmandu,
Nepal*

BUDISMO

INTRODUCCIÓN

A finales del siglo VI E.C., la mayoría de la gente de la India era lo que hoy llamaríamos hindú, ya que no había ninguna otra religión reconocida en ese momento. La casta más alta en el hinduismo era la casta sacerdotal, los brahmanes. Tradicionalmente, los sacerdotes eran los que se comunicaban con los dioses y las personas más educadas de la sociedad. Como resultado de esto, los brahmanes tenían mucho poder. En el norte de la India, las castas inferiores pobres estaban frustradas por su calidad de vida debido a la rigidez del sistema de castas. Además, las personas solían recurrir a prácticas extremas de abnegación para lograr la liberación espiritual. Éste era el mundo en que nació Siddhartha, el fundador del budismo, y dentro de esta inquietud, floreció el budismo.

El budismo rechaza el sistema de castas y se esfuerza por lograr la igualdad entre sus creyentes. Ya sea joven o viejo, hombre o mujer, blanco o negro, cada individuo es capaz de alcanzar la iluminación o nirvana.

HISTORIA

Siddhartha Gautama nació en el año 563 A.E.C., en el norte de la India, cerca de Nepal. Sus padres eran el Rey Sudhodana y la Reina Mahamaya, que eran miembros de la casta kshatriya de guerreros y gobernantes.

Según la tradición, hubo varios hechos milagrosos que rodearon la concepción y el nacimiento de Siddharta. Por ejemplo, la reina Mahamaya soñó que un elefante blanco con brillantes colmillos de marfil blanco descendió de los cielos y le atravesó el abdomen lleno de luz. Cuando se despertó a la mañana siguiente, ella mencionó al rey su extraño sueño. El rey la llevó al gurú (maestro espiritual) para que interpretara el sueño. El gurú la miró y le dijo que estaba embarazada. El sueño de la reina Mahamaya se conoce como el Sueño del Elefante Blanco, o la inmaculada concepción de Siddharta. Además, muchos budistas creen que el embarazo de la reina Mahamaya fue milagrosamente ideal y que el parto fue sin dolor, y también que Siddharta entró al mundo ya capacitado para caminar y hablar.

Durante la ceremonia tradicional para nombrar al niño, un hombre santo llamado Asita miró a los ojos de Siddharta y predijo que algún día Siddharta podría ser «el amo del universo», un rey grande sobre todos los reyes. Sin embargo, Asita también advirtió al rey Sudhodana que si Siddharta encontraba alguna vez el sufrimiento, sería dominado por la compasión y se convertiría en un gran líder espiritual en lugar de un gran rey. Como resultado de la profecía, el rey trató de evitar que Siddharta se encontrara con el sufrimiento proporcionándole todo lo que necesitaba o quería, entre las cuatro paredes del palacio.

A medida que crecía, Siddhartha se convirtió en dueño de hogar y formó una familia. A pesar de que era materialmente exitoso, aún sentía que algo le faltaba. Por lo tanto, con la ayuda de un auriga de carruaje, Siddharta dejó el palacio por primera vez. En la ciudad, Siddharta encontró cuatro escenas que cambiaron su vida. Por primera vez, Siddharta fue testigo de la vejez, la enfermedad y la muerte. Mientras luchaba con su nueva conciencia del sufrimiento, se encontró con una cuarta escena: un hombre santo. Este hombre parecía estar contento, a pesar de que no tenía nada. Siddharta le preguntó al hombre cómo podía estar contento si había tanto sufrimiento en el mundo. El hombre santo le explicó que había tomado un voto de renuncia y había dedicado su vida a la búsqueda de la iluminación. Estas experiencias conmovieron a Siddharta, por lo que abandonó el palacio, a su esposa y a su hijo para siempre.

Durante los próximos seis años, Siddharta se convirtió en un renunciante, lo que significaba vivir sin posesiones y participar en prácticas ascéticas extremas. Al tratar de reducir al mínimo su enfoque en la comodidad física y en el mundo material, él esperaba trascender su existencia presente y alcanzar la iluminación. Siddharta practicó el ayuno y detener la respiración durante largos períodos de tiempo. Estas prácticas extremas lo llevaron al borde de la muerte, pero no pudieron acercarlo más a la iluminación. Esto hizo que Siddharta se diera cuenta de uno de los conceptos más importantes en el budismo: la doctrina del Camino Medio. Después de haber vivido su vida a ambos extremos del espectro, del placer extremo al extremo ascetismo, se dio cuenta que los extremos no son la respuesta. Empezó a creer que la iluminación solo es posible cuando el cuerpo y el alma están bien.

Un día se sentó debajo de una higuera sagrada, también conocida como el árbol Bodhi, el árbol de la iluminación. Estaba decidido a no moverse de ese punto hasta que hubiera alcanzado el nirvana. La tradición budista nos dice que Siddhartha comenzó a trascender su realidad física actual y entró en un reino espiritual donde se encontró con una serie de tentaciones de Mara, el Señor de la Muerte. Después de tener éxito y derrotar a Mara, Siddhartha finalmente se enfrentó a una imagen de su poderoso ego, y él respondió: «Que la Tierra sea mi testigo. Tú eres una ilusión». Esta declaración le permitió alcanzar el nirvana. En su estado de iluminación, vio todas sus vidas pasadas y comprendió la naturaleza del ciclo de la vida, la muerte y el renacimiento (samsara). Siddharta se despertó, y desde ese momento, se convirtió en el Buda, «el iluminado».

El Buda sintió la obligación de compartir lo que había aprendido. Él dio un sermón a un grupo de escépticos ascéticos, que aún vivían la vida extrema que el Buda había rechazado. Otros llamaron a este sermón «La puesta en marcha de la rueda del Dharma», porque el Buda explicó el problema del sufrimiento, así como la solución. Él explicó cómo la gente puede poner fin al sufrimiento y cómo todas las personas eran capaces de alcanzar la iluminación. Estos ascetas se convirtieron en sus discípulos y también comenzaron a compartir sus enseñanzas.

CREENCIAS

El budismo es una religión muy sistemática, un concepto importante lleva al siguiente. A pesar de que el Buda abrió un camino que lo llevó a su propia iluminación, este camino puede ser diferente para cada persona. Una de las enseñanzas esenciales de Buda fue que el camino de cada uno es único.

Las tres marcas de la existencia

Las tres marcas de la existencia son verdades universales que se aplican a todo ser. Estas son:

1. Anatta, o «nada de ego», significa que no existe un alma personal o eterna. La conciencia es la que se reencarna, no el alma.
2. Anicca, o no permanencia, significa que todas las cosas están cambiando constantemente y que el cambio no puede ser detenido. De la misma manera que la esencia de un río no se puede capturar, tampoco se puede capturar nada en la existencia.
3. Dukkha, a menudo traducido como «sufrimiento», resulta de la no permanencia del mundo material. Ninguna de las cosas con las cuales nos encariñamos durará para siempre, y solo nos causarán sufrimiento cuando se hayan ido.

Las cuatro nobles verdades

Así como un diagnóstico apunta a una enfermedad y una receta ofrece la solución, las cuatro nobles verdades explican el problema del sufrimiento y después describen la solución.

1. La primer noble verdad: Vivir la vida es sufrir. Nadie puede escapar del sufrimiento, porque no hay ego y todo está cambiando constantemente.

2. La segunda noble verdad: La causa del sufrimiento es el deseo (tanha) y el apego al mundo físico. Todos los diferentes tipos de deseo, ya sea por las personas, los bienes, o las cosas que deseamos tener, causan sufrimiento.

3. La tercer noble verdad: Para terminar con el sufrimiento, es necesario terminar con el deseo y con el apego.

4. La cuarta noble verdad: Hay que seguir el camino óctuple, un conjunto de prácticas ideales para minimizar el deseo, lo cual minimiza nuestro sufrimiento.

Algunas personas cuestionan el deseo de alcanzar la iluminación y la forma en que esto encaja con los ideales budistas mayores. La idea es que cada persona debe ser inteligente sobre los tipos de deseos en su vida. Los deseos de ser popular o tener éxito económico se sustituyen idealmente por el deseo de buscar la iluminación. Como el deseo es algo innato en el ser humano, no hay forma de eliminarlo por completo, pero se puede reducir el impacto negativo del deseo en la vida de la persona y en última instancia reducir el sufrimiento humano.

El camino óctuple

El camino óctuple parece un código de conducta y por tradición cada camino de la lista se ha traducido comenzando por la palabra «correcto(a)». Sin embargo, una mejor traducción podría ser: «Intente hacerlo mejor que puedas». El camino óctuple suele ser representado por una rueda de ocho radios, un símbolo tradicional del budismo. Esta rueda es a menudo llamada la rueda del Dharma, en referencia a la naturaleza duradera de las verdades budistas. Además, la forma circular de la rueda evoca la conciencia del samsara, el ciclo de renacimiento del cual el camino óctuple promete liberación. Los ocho radios de la rueda corresponden a las categorías de la sabiduría (1, 2), la conducta ética (3, 4, 5) y la concentración (6, 7, 8).

1. El entendimiento correcto: Mediante la aceptación de las tres marcas de la existencia y las cuatro nobles verdades, uno es capaz de ver las cosas como realmente son.

2. La intención correcta: Esta intención es triple, con intenciones de renunciar al deseo, a actuar con buena voluntad, y a no hacer daño. Éstas son necesarias para poner en acción el «entendimiento correcto» de uno.

3. El habla correcta: Se deben evitar la mentira, la calumnia y el chismorreo.

4. La acción correcta: También se debe evitar hacer trampas, robar, matar, y la mala conducta sexual.

5. La subsistencia correcta: Uno debe ganarse la vida honestamente, con paz y legalmente, eligiendo una ocupación que apoye el Camino Óctuple y que no lo impida. Por ejemplo, la caza consiste en matar animales para comer, por lo que ser un cazador contradice directamente la acción correcta.

6. El esfuerzo correcto: Este es un esfuerzo de cuatro aspectos para evitar el desarrollo de nuevas cualidades negativas, para superar las cualidades negativas ya existentes, para desarrollar nuevas cualidades positivas, y para mantener las cualidades positivas ya existentes dentro de uno mismo.

7. La correcta concienciación: Dirigir la conciencia de uno a permanecer totalmente centrado en el presente con desapego y atención completa.

8. La correcta concentración: Ampliación de la conciencia a través de la práctica frecuente de la meditación.

El budismo es una religión universal porque muchos budistas creen que sus creencias pueden aplicarse a todas las personas y que cualquier persona que dedique su vida a seguir el camino óctuple y viva una vida de moderación puede alcanzar el nirvana. En consecuencia, hay algunos budistas que se acercan a los demás con el fin de ayudarlos también convertirse en budistas.

DEMOGRAFÍA

El budismo es la cuarta religión más grande del mundo. Aunque la mayoría de los budistas viven en Asia, el budismo es una religión que abarca todo el mundo. Hay tres escuelas principales del budismo: Theravada, Mahayana y Vajrayana.

Theravada: «el camino de los ancianos»

Los budistas Theravada son los más ortodoxos. Ellos se consideran a sí mismos como la rama que sigue más de cerca las enseñanzas del Buda. Ellos son seguidores estrictos de la escritura llamada el Tripitaka, que se traduce como «tres cestas». El Tripitaka se divide en tres secciones. La primera es el Vinaya Pitaka, que contiene las leyes que rigen a los monjes y las monjas. La segunda sección es el Sutta Pitaka, que contiene las enseñanzas del Buda. En el Sutta Pitaka se encuentra el Dhammapada, literalmente, el «camino», el más conocido en las escrituras budistas, que contiene las enseñanzas acerca de cómo deben vivir sus vidas los budistas y las verdades generales sobre el universo. La parte final es el Abhidamma, que contiene comentarios metafísicos sobre la enseñanza del Buda. El Tripitaka está escrito en la lengua pali y es a menudo llamado el Canon Pali. Esta colección es venerada por la comunidad Theravada, pero no necesariamente por otros budistas.

La mayoría de los budistas Theravada son monjes y monjas que han dedicado sus vidas a alcanzar el nirvana. Los budistas Theravada creen que el Buda fue un hombre común y corriente con logros extraordinarios. Ellos dedican sus vidas a seguir los pasos del Buda. Debido al compromiso estricto que se requiere, los budistas Theravada creen que solo unas pocas personas serán capaces de alcanzar el nirvana en esta vida. Sin embargo, los que quedan va a reencarnarse y tener la oportunidad de continuar por el camino que lleva a la iluminación. A veces los budistas Mahayana se refieren al Budismo Theravada como Hinayana, o el vehículo menor. Los budistas Theravada consideran que este término es despectivo.

Mahayana: «el gran vehículo»

Los budistas Mahayana son el grupo más amplio y diverso. Hay muchos tipos diferentes de budistas Mahayana, incluidos los Zen y los Tierra Pura. Una diferencia significativa entre el Mahayana y el Theravada es la veneración de los bodhisattvas. Algunos budistas Mahayana creen que los bodhisattvas son «seres iluminados» que alcanzaron el nirvana en su vida, pero que optaron por ser reencarnados para ayudar a otras personas a alcanzar el nirvana. Otros budistas Mahayana consideran que los bodhisattvas son aquellos que han tomado el voto de alcanzar la iluminación y se han comprometido a ayudar a todos los seres sensibles a lo largo del camino. También hay muchos diferentes budas, los que han alcanzado el nirvana, en el budismo Mahayana. Además, mientras que los budistas Theravada consideran que el Buda es un hombre común con cualidades extraordinarias, los budistas Mahayana creen en la naturaleza divina del Buda, lo cual le diferencia de las personas comunes y corrientes. Por lo tanto, el camino hacia el nirvana es más difícil para la gente común y corriente, porque la naturaleza del Buda hace que sea imposible emularlo completamente.

Vajrayana: «el vehículo de diamante» o «el vehículo del rayo»

El budismo Vajrayana, también conocido como el budismo tibetano o el budismo esotérico, ha ganado mucha visibilidad en todo el mundo gracias a su líder Tenzin Gyatso, conocido también como el decimocuarto Dalai Lama. Los budistas tibetanos creen que el Dalai Lama es una reencarnación del bodhisattva Avalokiteshvara, «el compasivo». Ellos creen que Avalokiteshvara se ha reencarnado vida tras vida, como el Dalai Lama con el fin de guiar y servir a la gente del budismo tibetano a lo largo de la historia. Las tradiciones Vajrayana son las únicas que incorporan tradiciones místicas y prácticas mágicas. Los budistas tibetanos estimulan los sentidos a través de mandalas (el arte circular), mudras (posiciones de las manos) y mantras (cánticos), lo que permite a una persona reconocer su humanidad, en un intento paradójico de dejar a un lado la humanidad durante la meditación.

*El Templo
Dorado de
Amritsar,
India*

Sijismo

INTRODUCCIÓN

En la tradición del sijismo, la palabra sij significa «discípulo». El símbolo sagrado del sijismo, el khanda, captura su historia y las creencias centrales. El khanda tiene una espada de doble filo en el centro, lo que representa la dualidad del individuo como soldado y santo. Espadas, llamada kirpans, se cruzan en el exterior, representando la fuerza espiritual y física. En el centro hay un chakkar, o un círculo, que simboliza la unión de todas las personas y la creencia en un dios.

HISTORIA

La religión sij tiene un único fundador religioso llamado Gurú Nanak, pero una serie de gurús o maestros espirituales establecieron firmemente la fe después de la muerte de Nanak. Gurú Nanak nació en el 1469 E.C., en Punjab, una provincia en el norte de la India. Él nació dentro de una casta superior del hinduismo (ver hinduismo). Una historia narrativa llamada Janamsakhi explica que el nacimiento de Nanak era especial. Según la tradición, nació en una choza de barro en medio de la noche. En el momento de su nacimiento, la choza se llenó de luz. Hubo una predicción de que él iba a ser un profeta que uniría muchas creencias. Las historias de su infancia dicen que él extendió la paz y el amor a todos los que encontró y luego, siendo aún un hombre joven, recibió un llamado. Un día fue a un río cercano para bañarse, pero luego desapareció misteriosamente. Su familia fue en su búsqueda pero solo encontró sus ropas. Ellos creyeron que Nanak se había ahogado. Tres días más tarde, Nanak reapareció y reveló que la sola esencia divina del universo le habló. Dios lo bendijo y lo envió al mundo como un profeta. La respuesta de Nanak fue: «No hay hindúes. No hay musulmanes» (ver islam). Nanak hizo hincapié en el concepto del monoteísmo y el rechazo del sistema de castas.

Él escribió poesías e himnos de alabanza a Dios. Al final de su vida, llamó a uno de sus discípulos y le dio el nuevo nombre de Angad, que significa «una parte de mi propio ser». Nanak creía que este cambio de nombre era un despertar espiritual para Angad que le permitiría sustituir a Nanak como el segundo gurú.

Angad escribió poesías y comenzó a firmar con el seudónimo de Nanak. Él también desarrolló un lenguaje escrito para el dialecto regional de la lengua

Punjabi llamado Gurmukhi. Antes de su muerte, Angad nombró a Amar Das como el tercer gurú. Amar Das continuó escribiendo e imaginó un lugar de adoración que se construiría en Amritsar. A continuación, el cuarto gurú, Ram Das, de hecho comenzó a construir el Templo Dorado en Amritsar, como Amar Das lo había previsto.

Arjan, el quinto gurú, escribió más de 1,000 himnos. Él fue responsable de recoger los escritos de los gurús en el libro sagrado, el *Adi Granth*. Él dividió el libro en varias secciones por raga, o «melodía». Por ejemplo, la primera raga es Sri («suprema»), por lo que todos los escritos de esa sección elogian la supremacía del Dios único. El *Adi Granth* se completó el 16 de agosto del 1604. El Templo Dorado se completó poco después. En ese tiempo, la gente en la sociedad circundante consideraba a los sijs como una amenaza. Como resultado de esto, Arjan fue encarcelado y torturado hasta su muerte, convirtiéndose en el primer mártir de la fe. Este acontecimiento cambió la naturaleza del sijismo de la no violencia a la agresión ya que los sijs lucharon contra la persecución usando la violencia. El hijo de Arjan y sexto gurú, Har Gobind, dirigió esta transición.

Har Gobind empezó a vestirse como un guerrero y llevaba dos espadas después de la muerte de su padre. La espada del poder espiritual se denominaba la piri, y la espada del poder físico era la miri. Har Gobind decidió que los sijs deberían abandonar el principio de ahimsa (no violencia) para protegerse de la persecución violenta. El noveno gurú, Tegh Bahadur, fue encarcelado y decapitado por un emperador musulmán que creía que los sijs eran una amenaza para la cultura y el poder islámicos. El décimo gurú, Gobind Rai respondió, haciendo hincapié en la fuerza física.

Gobind Rai creó un grupo de militares sijs llamados Khalsa («los puros»). Parte del círculo íntimo de Gobind Rai formaba el primer Khalsa, y estas personas se distinguieron por la utilización de cinco símbolos externos que comenzaban con K, llamados a menudo los «Cinco K»:

1. Kes: El pelo de todos los kes permanece sin cortar porque se considera que el pelo es un don sagrado.
2. Kirpan: Hay que llevar una espada llamada kirpan, lo cual representa una voluntad de luchar por la libertad religiosa y proteger a los indefensos.
3. Kangha: Un kangha, o peine, se coloca debajo del turbante para simbolizar la importancia de la limpieza.
4. Kachera: El kachera es un tipo de ropa interior usada por los guerreros y recuerda al usuario que debe mantener el autocontrol.
5. Kara: La kara, una pulsera especial, muestra la unión infinita de Dios y la fuerza a través de su simbólica forma circular.

Tanto los hombres como las mujeres en la Khalsa usaban los cinco K, y los siguen usando hasta el día de hoy. Por su enfoque en el servicio militar Gobind Rai se ganó el nombre de Gobind Singh (literalmente «Gobind el León»). Sus cuatro hijos perdieron la vida en el campo de batalla, sin dejar un sucesor adecuado. Él temía ser encarcelado, lo que hubiera dejado a los sijs sin un líder. Debido a esto, Gobind Rai declaró que el gurú final y eterno sería el *Adi Granth* en lugar de una persona, por lo que ahora el *Adi Granth* se denomina a menudo el Gurú Granth Sahib.

CREENCIAS

A pesar de que algunas personas argumentan que el sijismo es una mezcla de las creencias islámicas e hindúes, esto no es del todo correcto. Aunque los sijs son monoteístas como los musulmanes y creen en la reencarnación como los hindúes, las creencias y tradiciones sijs son únicas y contienen muchos aspectos que son diferentes a los del hinduismo o el islam.

El lugar de adoración en el sijismo es el gurdwara. Cada santuario tiene un altar especial para el *Adi Granth*. El sijismo no tiene un liderazgo jerárquico. Por lo tanto, cualquier persona puede leer el texto sagrado o dirigir el culto. En el centro del gurdwara está el langar, que se refiere a la cocina donde se sirve la comida sagrada de la comunidad, no solo para los sijs sino también para todos los que necesitan comer, independientemente de su religión, su género o su clase social. Los creyentes se turnan para hacer seva (servicio desinteresado, o acto de amor por la congregación) sirviendo en el langar, preparando y sirviendo los alimentos para la comunidad. El langar es una parte esencial de la vida en comunidad de los sijs, ya que demuestra la centralidad de la inclusión y la proyección social.

Los sijs rechazan abiertamente el sistema de castas y abrazan la igualdad. La sangat, o comunidad, está en el centro de la fe. El Gurú Nanak dijo una vez: «Un discípulo es un solo sij, dos una asociación santa, pero cinco, ¡he ahí en sí misma la última realidad!». Tradicionalmente, los sijs ignoran el género y el estatus social cuando se sientan en largas filas en el piso del santuario (pangats).

El *Adi Granth* no incluye los relatos históricos o los códigos de conducta, ni esboza ningunos requisitos. En su lugar, el *Adi Granth* refuerza principalmente la creencia en un dios supremo y maravilloso. Las primeras palabras se encuentran también en el centro de la religión sij: «Hay un solo Ser». Para un sij, la meta de la vida es eliminar el ego individual y poner fin al ciclo de la reencarnación para reunirse con ese único Ser.

DEMOGRAFÍA

El sijismo es la quinta religión más grande del mundo, con cerca de 30 millones de creyentes. La población de sijs más grande está en el estado de Punjab al norte de la India, aunque un buen número de ellos vive también en Gran Bretaña. Hubo dos principales motivaciones para la migración en el siglo XIX. Una de ellas era el requisito sij para el servicio militar y la otra fue el ataque en 1984, cuando el ejército indio profanó el Templo Dorado.

LECTURAS ADICIONALES

www.sikhs.org

BAHAÍSMO

INTRODUCCIÓN

La fe bahá'í es una de las más recientes tradiciones religiosas globales. La fe bahá'í se desarrolló a partir de la cultura islámica en Irán, por lo que muchos musulmanes consideran que los bahá'íes son un grupo herético. Hay informes de bahá'íes que son perseguidos por sus creencias hasta nuestros días. A pesar de esta tensión, está claro que hay algunas influencias islámicas en las creencias y prácticas bahá'íes como el monoteísmo, el rechazo del alcohol y un mes de ayuno y purificación. Sin embargo, las diferencias entre las dos tradiciones son importantes, incluyendo la falta de ritualismo, la aceptación de la revelación progresiva y una diversidad de textos sagrados entre los bahá'íes.

HISTORIA

Los inicios de la fe Baha'í se pueden remontar a un iraní llamado Siyyid Alí Muhammad, quien fue conocido como El Báb, que significa «la puerta». El Báb predicaba la venida de un nuevo mensajero de Dios que traería un mensaje de unidad y de paz para todas las personas. Los musulmanes consideraron que sus prédicas mesiánicas eran no solo una traición sino una blasfemia, debido a la creencia central islámica de que Mahoma es el último profeta de Dios, el «Sello de los Profetas». El Báb fue encarcelado y ejecutado en 1850.

Poco después de la ejecución de El Báb, un seguidor de El Báb llamado Mirza Husayn Alí siguió la proclamación de El Báb y fue encarcelado en Teherán, donde comenzó a recibir revelaciones directas de Dios. A través de estas revelaciones, Alí se dio cuenta de que él era el mensajero que El Báb había estado prediciendo y, por lo tanto, llegó a ser conocido como Bahá'u'lláh (la «Gloria de Dios»). Debido a sus controversiales afirmaciones, él fue finalmente expulsado de Irán y, mientras estaba en el exilio, escribió cartas y escrituras que enfatizaban una idea central: la completa armonía de la humanidad. Después de la muerte de Bahá'u'lláh, su hijo y luego su nieto continuaron predicando la fe.

CREENCIAS

Los bahá'íes creen en una larga línea de profetas incluyendo a (pero sin limitarse a) Abraham, Moisés, David, Zoroastro, Krishna, Buda, Jesús, Mahoma y finalmente Bahá'u'lláh. Como todos estos profetas son reflexiones únicas del mismo y único Dios, los bahá'íes entienden que todas las religiones proceden de la misma fuente espiritual. Las diferentes revelaciones de diferentes profetas dependen de las necesidades culturales de las personas a través de la historia. La religión enseña que, por desgracia, es la propia cultura la que ha distorsionado las revelaciones de Dios, dando lugar a conflictos entre las tradiciones religiosas. En la fe bahá'í, Dios es la fuente de toda creación, y aunque se describe como un «Dios personal» en las escrituras bahá'íes, Dios es también una entidad desconocida que solo es accesible a través de los profetas enviados para ayudar a la humanidad. Los bahá'íes creen que Dios continuará enviando profetas hasta el final de los tiempos.

Por lo general, los bahá'íes se reúnen en sus respectivos hogares para la adoración y la fraternización, aunque también hay muchos centros de la comunidad baha'í ubicados en todo el mundo. Hay muy pocos templos oficiales bahá'íes en todo el mundo; cada continente alberga solo un importante templo baha'í. En Estados Unidos, el templo bahá'í se encuentra en Wilmette, Illinois. Cada templo tiene nueve lados, coincidiendo con la estrella de nueve puntas, que es el símbolo de la fe.

El calendario bahá'í fue creado por El Báb, quien dividió el año en diecinueve meses que contienen diecinueve días cada uno. En el primer día de cada mes, la comunidad bahá'í se reúne. El último mes del calendario religioso (del 2 al 20 de marzo) es uno de ayuno y renovación. Durante los últimos diez días, los bahá'íes ayunan desde el amanecer hasta el atardecer y luego, a la conclusión del ayuno, el 21 de marzo marca el Año Nuevo, que es un tiempo de renovación. Otras días festivos importantes son aquellos que conmemoran los nacimientos de El Báb y Bahá'u'lláh. Los bahá'íes no tienen sacramentos y tienen pocos rituales específicos, con las excepciones del matrimonio, los funerales, y los ritos diarios de oración.

La mayoría de los bahá'íes practican la observancia de nueve días santos, la participación en el mes de ayuno y la dedicación a la lucha contra la desigualdad. Además, a muchos bahá'íes les gusta hacer la peregrinación al santuario de El Báb en Israel y se abstienen de consumir alcohol. Los textos sagrados de la fe bahá'í se atribuyen principalmente a Bahá'u'lláh. Algunos se encuentran en forma de cartas, mientras que otros son meditaciones y oraciones. La escritura más prominente es el Kitáb-i-Aqdas, el Libro Más Sagrado. Además de la literatura bahá'í, los textos sagrados de otras tradiciones religiosas también son aceptados. En la tradición bahá'í, los conceptos de cielo e infierno se refieren a la distancia entre el alma y Dios, no a los lugares de recompensa y castigo. Mientras más lejos de Dios está alguien, más cerca del infierno está la persona. Para los bahá'íes, el alma humana es inmortal y ellos tienen como objetivo mejorar el alma a través de una mejora en la vida para todas las personas mediante la promoción de la igualdad, la erradicación de la pobreza y abogando por la educación universal. Bahá'u'lláh dijo: «La Tierra es un solo país y la humanidad sus ciudadanos», lo que refleja su dedicación a la paz mundial.

DEMOGRAFÍA

Hay más de 7 millones de practicantes bahá'íes en todo el mundo. No hay un liderazgo ordenado en la fe bahá'í. Las decisiones se toman por consenso del grupo. Hay pequeñas asambleas locales que toman las decisiones en comunidad, así como un organismo internacional gubernamental llamado la Casa Universal de Justicia, ubicado en Israel. Las Asambleas Espirituales Nacionales supervisan los asuntos de cada país.

LECTURAS ADICIONALES

http://www.bahai.us/bahai-temple

TRADICIONES GLOBALES COMPARADAS

	NATURALEZA DE DIOS	NATURALEZA DE LA HUMANIDAD	NATURALEZA DEL UNIVERSO	NATURALEZA DE LA RELIGIÓN	FUNDADORES Y TEXTOS
CRISTIANISMO	Un solo creador-Dios en tres personas: Padre, Hijo y Espíritu Santo. Dios es personal, tiene interacción con la humanidad, es todo conocedor y todo poderoso.	Dios permite a los humanos una voluntad libre para escoger entre lo bueno y lo malo. No obstante son inherentemente pecaminosos y son incapaces de lograr la salvación por sus propios medios. En última instancia, la salvación solo viene por medio de Dios.	Este mundo es provisional. Estamos participando en una guerra entre el bien y el mal. Algún día Dios juzgará a toda la gente, que ocasionará la venida largamente esperada del «reino de Dios».	A través de creer en Jesucristo, los humanos están salvados del pecado y tendrán vida eterna después de la muerte. Porque Jesús es el supremo sacrificio para expiar los pecados de la humanidad, el cristianismo es el único camino a la salvación.	Los fundadores fueron seguidores de Jesús de Nazarét, nacido en algún momento entre el 7 A.E.C. y el 1 E.C. Los textos incluyen la Biblia (incluyendo el Antiguo y Nuevo Testamentos) y para algunos cristianos los libros apócrifos.
JUDAÍSMO	Un creador-Dios singular, (YWWH o Yavé) quien es simultáneamente personal y desconocido.	Los humanos tienen voluntad libre para escoger entre lo bueno y lo malo. Los humanos no han nacido en el pecado. Los humanos fueron creados a la imagen de Dios, y todos aquellos que hacen el bien tendrán un lugar en el reino de Dios, aunque el pueblo judío ha sido escogido singularmente como el pueblo de Dios.	El judaísmo carece de un enfoque fuerte sobre una vida más allá, para que la gente pueda concentrarse más sobre la vida en el mundo actual. Los judíos miran hacia un mesías venidero que restaurará a Israel y dará entrada a una era de paz. Ellos también anticipan un día futuro de resurrección.	El judaísmo se define más por la acción y la identidad cultural que por una creencia específica. Existe una variedad de interpretaciones individuales. El corazón de la religión es la acción ética, soportada por las tradiciones de Moisés, los profetas, y las generaciones previas judías a través de la historia.	Según la tradición judía, el judaísmo comenzó con la alianza entre Dios y Abraham, cuando Dios declara que los descendientes de Abraham son el pueblo escogido. Dos textos bien conocidos son el Tanaj (denominado el Antiguo Testamento en el cristianismo) y el talmud, conteniendo las leyes y comentarios. También hay muchos textos adicionales.

	NATURALEZA DE DIOS	NATURALEZA DE LA HUMANIDAD	NATURALEZA DEL UNIVERSO	NATURALEZA DE LA RELIGIÓN	FUNDADORES Y TEXTOS
ISLAM	Un Dios-creador singular, (Alá) quien es personal y tiene interacción directa con la humanidad. Los musulmanes equiparan a Dios con el Dios del judaísmo y cristianismo.	Los humanos fueron creados para alabar a Alá, y esto debe ser la meta principal de cada persona. Cada persona tiene voluntad libre para escoger a quien servir, y por lo tanto rendirá cuentas por sus acciones. Todos los que se someten a Alá verán el paraísmo en el más allá.	Este mundo es un lugar de prueba para los seres humanos, en donde su naturaleza verdadera será probada por sus selecciones. Los musulmanes miran hacia un día final cuando Alá juzgará a toda la gente, cuando los muertos serán resucitados, y cuando el mundo que conocemos terminará.	El Corán es la revelación mayor y final dentro de una sucesión de revelaciones previas. Al adherirse a los cinco pilares, y siguiendo la ley coránica (sharía) los humanos conseguirán la paz por medio de la sumisión a Alá.	Mahoma, quien recibió su primera revelación en el 610 E.C. se cree que es un descendiente de Abraham a través de Ismael. El texto más sagrado es el Corán, y algunos musulmanes también aceptan hadiz (palabras, acciones y aprobaciones de Mahoma).
HINDUISMO	Un ser singular que abarca todo (Braham) con muchas caras y manifestaciones (avatares) Las deidades son imperfectas, pero todavía al final son el modelo de sumisión al deber religioso (dharma).	Los humanos están atrapados en el ciclo del renacimiento. (samsara) que podrán escapar durante muchas vidas. Uno sube esta escalera a través de la sumisión al dharma, que incluye la sumisión a las deidades.	El universo está envuelto en un ciclo sin terminar de creación, destrucción y renovación. El mundo presente está en un estado de declive; al final será destruido, y un nuevo universo renacerá en su lugar.	Si las personas siguen dharma, las deidades asistirán en sus caminos a la liberación (moksha). dharma lucha contra las fuerzas caóticas, así que la religión mantiene el orden universal y desalienta a las personas a actuar de una manera egoísta.	No existe un profeta fundador, la religión antigua indoeuropea se fusionó con la religión indígena para formar diversas tradiciones hindúes. Existen muchos textos sagrados, incluyendo las Vedas, puranas, Upanishads y las epopeyas.

TRADICIONES GLOBALES COMPARADAS CONTINUADA

	NATURALEZA DE DIOS	NATURALEZA DE LA HUMANIDAD	NATURALEZA DEL UNIVERSO	NATURALEZA DE LA RELIGIÓN	FUNDADORES Y TEXTOS
BUDISMO	Generalmente no teísta, significando que no existe un concepto de Dios. Algunas sectas budistas incluyen la veneración del buda y o los bodhisattvas. Otros incluyen creencias en deidades quienes, como los humanos, también se encuentran en el camino de la iluminación.	Los humanos tienen no-ser y no-alma. La vida está llena de sufrimiento, que brota del apego al mundo material. Al liberarse uno mismo del apego a través del camino óctuple, uno puede escapar el sufrimiento y alcanzar la iluminación.	El mundo material entero es una ilusión. Las fronteras que separan a los humanos el uno del otro, y todos de los seres sensibles, también son ilusorias. Todos los seres están conectados, que debe estimular a las personas tratar a todos con compasión.	El buda demostró cómo viajar en el camino a la iluminación a través del «camino medio» que todos pueden seguir. Al conseguir la iluminación, los humanos se liberan del renacimiento y alcanzan nirvana, disolviéndose uno en una unión con el universo como una gota de agua uniéndose con el océano.	Siddartha Gautama. El buda, nació en 623 A.E.C. y fue el primero en conseguir la iluminación. Las sutras son los textos más sagrados budistas, aunque existen muchos otros textos. Algunos budistas rechazan todos los textos para evitar apego al mundo material.
SIJISMO	Un creador dios supremo quien es personal y tiene interacción con la humanidad pero quien es también simultáneamente trascendente y más allá de la comprensión humana.	Los humanos se distraen fácilmente por el mundo físico, y por lo tanto permanecen atrapados en el ciclo de la reencarnación. No obstante, una dedicación a dios y un enfoque espiritual llevará a la salvación en el más allá.	Apego al mundo material distrae de la espiritualidad y separa a los humanos de Dios. La realidad auténtica es intangible, y solo puede ser percibido con el corazón. Las buenas obras en el mundo material deben brotar de esta conciencia.	La práctica religiosa (especialmente la meditación) permite a los humanos a conectarse con Dios. La religión debe unir a las personas, no dividirlas. El enfoque no es solo en la salvación en el más allá, sino también en la caridad, la comunidad, y la familia en esta vida.	Guru Nanak fundó el sijismo durante el siglo XV E.C. Una sucesión de otros gurus (líder-maestros) le sucedieron, con el guru décimo y final siendo el Adi Granth, la escritura sagrada del sijismo.

NATURALEZA DE DIOS	NATURALEZA DE LA HUMANIDAD	NATURALEZA DEL UNIVERSO	NATURALEZA DE LA RELIGIÓN	FUNDADORES Y TEXTOS
Un creador-dios quien ha enviado revelación única a pueblos diferentes en maneras específicas culturales. Aunque dios es inaccesible, dios es conocible por medio de los profetas.	La humanidad es radicalmente una; las divisiones entre la gente son artificiales y destructivas. El propósito de la humanidad es amar y servir a dios. Aquellos que lo hacen seguirán estando cerca de dios en el más allá.	El mundo hace ciclos a través de las diferentes edades, con cada profeta nuevo marcando el inicio a una nueva era de prosperidad. Entonces en el transcurso del tiempo el mundo declina, y un nuevo profeta es necesario. Los bahá'íes miran hacia una Edad dorada futura marcada por la paz y la unidad de toda la humanidad.	Todas las religiones están unidas en sí. Las diferencias entre las religiones son creadas por los humanos, mientras que las similitudes revelan verdades divinas. Dentro de la revelación progresiva a través de la historia, profetas diferentes han compartido aspectos únicos de la verdad de Dios con la humanidad.	Bahá'u'lláh (originalmente Mirza Husayn-Ali Nuri) fundó el bahaísmo en el siglo diecinueve E.C. Se les considera a todos sus muchos escritos como revelación divina. Entre los mejores conocidos son la *Kitab-i-Aqdas Kitab-i-Iquan*, *Rebuscos*, y *Las palabras escondidas*.

RELIGIONES DE SITIO

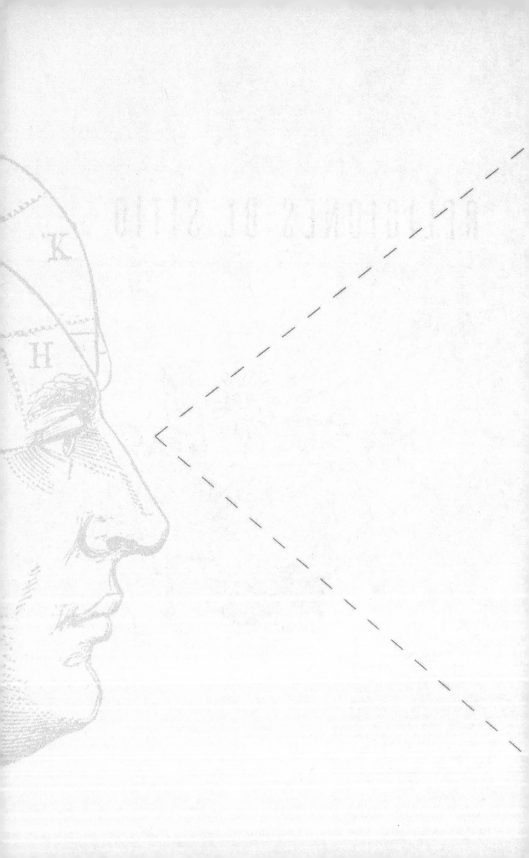

TAOÍSMO

INTRODUCCIÓN

El taoísmo o Daoísmo (pronunciado con el sonido «D»), está representado por el símbolo de Yin yang, que es un círculo mitad blanco y mitad negro dividido por un movimiento que fluye por el centro de arriba a abajo. La mitad blanca se asocia con el positivismo, la masculinidad y la pasividad, mientras que la mitad negra opuesta representa la negatividad, la feminidad y la actividad. En cada lado, hay un pequeño círculo del color opuesto que simboliza dos ideas principales: todas las cosas deben ser equilibradas y en armonía; y un lado, en última instancia, no puede existir sin el otro.

HISTORIA

Lao-Tsé es considerado el fundador del taoísmo, aunque algunos cuestionan su existencia histórica. La tradición sostiene que como asesor de la dinastía Zhou hasta la edad de noventa años, Lao-Tsé fue especialmente conocido por su sabiduría para responder a las preguntas sobre política y religión.

Como contemporáneo de Confucio, Lao-Tsé no estaba de acuerdo con muchas ideas del confucianismo. Lao-Tsé creía que Confucio era arrogante e idealista. Lao-Tsé creía que las personas eran intrínsecamente buenas, y que no había necesidad de complicar la vida de más con reglamentos. De hecho, consideró que una participación excesiva del gobierno, la religión y otras instituciones solo aumentaría los problemas de la gente. Lao-Tsé creía que la mejor manera de mantener la bondad inherente en las personas era que las organizaciones e instituciones se quitaran del camino.

Cuando Lao-Tsé se jubiló, mucha gente le animó a escribir sus ideas. Esta propuesta dio lugar a la redacción del *Tao Te Ching*. Irónicamente, si Lao-Tsé estuviera vivo hoy, lo más probable es que se molestaría mucho porque todo lo que él dijo se convirtió en una práctica religiosa formal.

CREENCIAS BÁSICAS

El texto sagrado para el taoísmo es el *Tao Te Ching*, que fue escrito aproximadamente en el 300 A.E.C. Se atribuyen los escritos en el *Tao Te Ching* a Lao-Tsé, aunque hubo muchos autores que probablemente contribuyeron a la colección. El objetivo central del texto es guiar a sus lectores para que vivan en armonía con el universo.

Tao (el camino) y Wu Wei (la inacción) son dos conceptos centrales del taoísmo. Algunas personas consideran que el Tao es equivalente al concepto cristiano de Dios, pero ese entendimiento es demasiado concreto. No hay manifestaciones físicas de lo divino en el *Tao Te Ching*. Un texto posterior llamado *Zhuang Zi*, escrito por un contribuyente menos conocido que llevaba ese nombre, trata sobre ideas como la inmortalidad. Un desarrollo aun posterior en el taoísmo incluye personificaciones de lo divino para proporcionar un enfoque más fácil en la adoración. Estas personificaciones son denominadas los «Tres Seres Puros». A pesar de estos desarrollos posteriores, en el corazón del taoísmo se mantiene el equilibrio de todas las cosas.

Para muchos taoístas, la belleza del Tao está en el propio misterio. Tao es la fuente de todo ser y no ser, la fuente de toda energía en el universo. Tao es impersonal, pero omnipresente, y tiene un movimiento, un flujo con el que los taoístas buscan unirse. No puede haber masculino sin femenino, montaña sin valle, o vida sin la muerte. Es Tao el que proporciona dicho equilibrio, y el objetivo taoísta es estar unido a ese flujo, lo que lleva a la comprensión de Wu Wei.

Wu Wei, la inacción, es la base universal para la vida taoísta. Es importante entender la diferencia entre la inacción y la indiferencia. Wu Wei significa que los seres humanos deben permitir que Tao haga lo que Tao va a hacer. Habitualmente, los seres humanos quieren el poder y el control, y esto hace que la gente actúe de maneras que no son necesarias. La naturaleza siempre va a volver a un estado de equilibrio; los seres humanos debemos permitir que eso ocurra. Por lo tanto, el objetivo de Wu Wei no es ser perezoso y no hacer nada sino que se trata de no interferir. El taoísmo rechazaría tomar una acción espontánea. En su lugar, la acción humana siempre debe incluir suficiente tiempo y consideración.

Además de insistir en la tranquilidad y el equilibrio en Wu Wei, el taoísmo también incluye el culto a los antepasados. Esto se deriva de la cultura China en general en la cual está incorporado el taoísmo, porque el culto a los antepasados es una característica clave de la religión tradicional china. La mayoría de las familias tienen un altar ancestral en su casa, donde los miembros de la familia oran cada día. Típicamente, este santuario tiene incienso y una lista de los difuntos que deben recordarse. Históricamente, la responsabilidad de mantener el santuario le caía al hijo mayor.

DEMOGRAFÍA

Los taoístas rara vez ven un conflicto entre seguir el Tao y ser budistas. Por lo tanto, muchos taoístas se apropian de más de un sistema de creencias. Algunos se ven a sí mismos como seguidores de ambos, el confucianismo y el taoísmo, a pesar de los conflictos entre los fundadores. La idea es que cada uno tiene un propósito diferente. Incluso es posible practicar el taoísmo y el confucianismo, junto con el budismo o el sintoísmo. Hay aproximadamente 2.5 millones de taoístas en todo el mundo, la mayoría de los cuales están en China.

SINTOÍSMO

INTRODUCCIÓN

El término *sintoísmo* significa «el camino de los kami (deidades)», que proviene de la lengua china a pesar de que el sintoísmo es originario de Japón. El sintoísmo no tiene un fundador, un texto sagrado, un código universal de conducta, o un sistema de liderazgo jerárquico en el sentido tradicional.

HISTORIA

La tradición sintoísta se remonta a tiempos prehistóricos. No podemos adjudicar la fundación del sintoísmo a una persona, y no hay registros escritos relatando los inicios del sintoísmo, así es que sabemos muy poco sobre el origen de la tradición. Sin embargo, existe un mito sintoísta que habla de la creación de las islas japonesas. Siempre había la existencia, y fuera de los kami vino el mundo mismo. Los kami godor, parecidos a los humanos, llamados Izanagi («varón») e Izanami («hembra») fueron encargados de crear. La pareja atravesó una lanza cósmica en el agua, lo cual creó la primera isla mayor de la tierra japonesa donde Izanagi e Izanami vivieron. Juntos crearon muchos kami. El último en nacer fue el espíritu del calor, cuya intensidad quemó a través del útero de Izanami y la mató. Ella descendió al submundo. Izanagi se fue tras ella, pero ella misma se coloca en la entrada del submundo para evitar que él entrara y para protegerlo. Enfurecido y lleno de corrupción y contaminación, Izanagi regresó a la tierra. A medida que él se purificaba, la corrupción en su ojo izquierdo se convirtió en el kami sol y la de su ojo derecho en el kami luna. La contaminación que él emitió de su nariz creó los kami del viento y la tormenta.

Durante el siglo VI, la tradición sintoísta se sometió a un proceso de formalización. Antes de este momento, el sintoísmo estaba tan profundamente incrustado en la cultura japonesa que había poca necesidad de definirlo. Sin embargo, esto cambió cuando el budismo se extendió de China a Japón, creando la necesidad de que los practicantes del sintoísmo se definieran a sí mismos para diferenciarlos de las tradiciones no sintoístas. Debido a que las tradiciones en competencia desempeñaron un papel en esta formalización, estas otras tradiciones tuvieron una influencia duradera en el sintoísmo. Algunas personas creen que el sintoísmo contiene partes de budismo y partes de taoísmo; sin embargo, una declaración más precisa sería que el sintoísmo es compatible con el budismo y el taoísmo, lo que permite a los practicantes sintoístas asumir más de una identidad religiosa. El sintoísmo no tiene un credo y no busca conversos activamente; la mayoría de personas simplemente nacen en la religión. En el sintoísmo no hay conflictos cuando se practica más de una religión; por lo tanto, los japoneses son ambos, budistas y sintoístas.

El emperador de Japón es un líder importante en el sintoísmo, porque sirve como la cabeza oficial de la religión. Sin embargo, su papel hoy en día no es más que ceremonial, ya que el emperador no toma decisiones colectivas ni establece una doctrina de la manera en que lo hacen otros líderes religiosos. En el pasado, el emperador disfrutaba de un gran poder entre los practicantes del sintoísmo en Japón, ya que la gente creía que el emperador era divino y lo adoraba como tal. Sin embargo, después de la derrota de Japón en la Segunda Guerra Mundial, el papel del emperador disminuyó enormemente. La gente ya no adora al emperador como una deidad, y aunque el emperador sigue siendo respetado, hay una menor relación entre el gobierno y el sintoísmo en el día de hoy.

CREENCIAS

El sintoísmo es una religión politeísta, ya que hay una creencia en muchos kami que son omnipresentes en todo el universo. Los kami pueden tomar muchas formas en el mundo natural, tales como cascadas, montañas o flores; los kami pueden estar presentes en forma humana o animal, o pueden optar por ni tener forma alguna. Hay santuarios donde la gente puede adorar a los kami. Los santuarios están típicamente cerca de alguna masa de agua, y la mayoría de los santuarios se construyen en áreas que son tranquilas y naturales. Los santuarios construidos en las ciudades suelen estar rodeados de árboles. En la tradición sintoísta no se celebran servicios regulares, por lo que los practicantes optan por visitar los santuarios siempre que lo deseen. En el santuario, la gente entra por una puerta torii, a menudo considerada como el símbolo de la religión sintoísta. El santuario se utiliza para llamar la atención de los kami, y la gente utiliza el área alrededor del santuario para el culto, al igual que el propio santuario. Debido a esta reverencia por el mundo natural, los practicantes sintoístas se suman con frecuencia a las discusiones ambientales y promueven la conservación.

En el sintoísmo, los practicantes hacen mucho hincapié en la idea de la pureza. Incluso antes de visitar un santuario, los fieles se aseguran de bañarse y vestirse con ropas limpias. Al llegar a la puerta torii, se lavarán de nuevo las manos y los pies. En la cosmovisión sintoísta, la gente cree que los seres humanos nacen buenos y durante el transcurso de la vida los seres humanos se vuelven impuros. Por lo tanto, hay muchos rituales dirigidos por sacerdotes que se centran en la purificación.

Por lo general, los santuarios hogareños, llamados kamidana, permiten que los practicantes adoren a los espíritus ancestrales. A menudo, los kamidana tienen pequeñas puertas torii y carecen de adornos visuales. No hay imágenes en estos santuarios; sin embargo, los practicantes suelen escribir los nombres de sus seres queridos fallecidos y luego queman los papeles. La familia dejará ofrendas de flores o alimentos en el altar y lo visitará todos los días. Sin esta visita diaria, los kami pueden llegar a molestarse.

DEMOGRAFÍA

Hay aproximadamente 3 millones de practicantes del sintoísmo en todo el mundo, la mayoría de los cuales viven en Japón. El sintoísmo permite que las mujeres sean sacerdotes, aunque todavía hay significativamente muchas menos mujeres sacerdotes que hombres. El sintoísmo influenció los comienzos de dos movimientos religiosos en Japón: Tenrikyo y Omoto. Ambos fueron fundados por mujeres, comenzaron en el siglo XVIII y hacen hincapié en la restauración personal aquí en la tierra, más que en la preparación para el más allá.

CHAMANISMO

INTRODUCCIÓN

El chamanismo no es una religión. Más bien, es una práctica que se ve en varias tradiciones indígenas de todo el mundo. Hay chamanes no solo en las religiones indígenas de Norte y Suramérica, sino también en algunas religiones africanas y asiáticas. Por ejemplo, ambas tradiciones, la yoruba y la sintoísta, incluyen esta práctica.

HISTORIA

Los arqueólogos han trazado el uso mundial de chamanes en las religiones tribales desde hace más de 25,000 años. Los chamanes son considerados como intermediarios entre los mundos físico y espiritual. La gente cree que los chamanes tienen habilidades especiales para comunicarse con los animales y las plantas, pueden controlar el clima, y comparten profecías a través del uso de cánticos, danzas y oraciones. Los chamanes también son capaces de sacar los malos espíritus de las personas y comunidades.

Para convertirse en un chamán, una persona debe pasar por un proceso riguroso. La mayoría de los chamanes dicen ser llamados por el mundo de los espíritus para asumir este papel y pasar por una experiencia espiritual de muerte y renacimiento simbólicos. Para algunos chamanes, este papel se pasa de generación en generación en sus familias. Normalmente, hay un proceso de purificación que requiere ayuno intenso, aislamiento y contacto espiritual durante un período de tiempo.

CREENCIAS

Un chamán es un líder central en su comunidad. Los chamanes pueden ser hombres o mujeres y a menudo se considera que son una combinación de consejero, pastor y médico; este papel tan complejo ha hecho que algunas personas identifiquen a los chamanes como «médicos brujos». Muchos chamanes tratan las enfermedades y dolencias de la comunidad mediante el uso de remedios naturales como las hierbas. La gente suele ir a los chamanes porque buscan a un curandero para sanar problemas emocionales, espirituales o físicos. Además, una persona puede visitar a un chamán si tiene problemas para concebir, o si él o ella quieren comunicarse con el espíritu de un antepasado.

Las responsabilidades del chamán se basan en la creencia de que él o ella están en contacto con el mundo espiritual a través de sueños, trances o visiones. En consecuencia, los chamanes a veces utilizan sustancias alucinógenas como peyote, cannabis u opio para producir un estado en el que tales sueños o visiones es más probable que ocurran. Muchos rituales chamánicos se centran en la adivinación, la cual consiste en ver el futuro o volver a visitar el pasado. A veces los chamanes realizan ceremonias para comunicarse con los antepasados o con espíritus de animales en nombre de las comunidades tribales que buscan protección o recompensas. Se sabe que los chamanes se identifican a sí mismos con elementos naturales como montañas o cascadas, o a veces con espíritus animales. Hay una creencia común entre las religiones indígenas de que los espíritus habitan el mundo natural. La comunicación con los espíritus permite que los creyentes se mantengan en contacto con la tierra.

DEMOGRAFÍA

Es casi imposible determinar cuántos individuos practican el chamanismo en todo el mundo. Sin embargo, la experiencia práctica básica de los chamanes se ha llegado a conocer mejor en el mundo occidental a través del trabajo del profesor Michael Harner, quien ha dedicado su vida al estudio de los chamanes. Harner considera que el Occidente ha sido despojado de su conexión chamánica o espiritual gracias a los años de rechazo de las tradiciones nativas. El objetivo de Harner es que todas las personas entiendan y acepten la interconexión del mundo de los espíritus que las rodean.

LECTURAS ADICIONALES

http://www.shamanism.org/index.php

CONFUCIANISMO

INTRODUCCIÓN

El confucianismo no tiene una jerarquía de liderazgo, un credo central o una forma regular de culto; ni tampoco exige el confucianismo la creencia en ningún tipo de deidad. Como resultado de esto, se considera a menudo que es más filosofía que religión. Sin embargo, el confucianismo incluye un sistema ético de comportamiento que hace hincapié en honrar la familia, obedecer reglamentos y apreciar la cultura que nos rodea. El confucianismo toma su nombre de su fundador Confucio.

HISTORIA

Confucio nació en China en el año 551 A.E.C. En ese momento, China estaba dividida en diferentes regiones con diferentes gobernantes. El padre de Confucio murió cuando él era joven y su madre lo crió en la pobreza, pero Confucio recibió una buena educación. Después de la muerte de su madre, él se convirtió en maestro y más tarde fue contratado para trabajar para el gobierno, debido a su reputación de sabio. Durante su vida, Confucio también se convirtió en esposo y padre y finalmente murió en el año 479 A.E.C.

Durante la vida de Confucio, él se encontró con muchos conflictos en la sociedad, lo cual lo llevó finalmente a valorar la importancia de la armonía social. Confucio creía que todos los seres humanos eran capaces de hacer el bien y que, con un poco de orientación, la gente podría lograr tener una comunidad pacífica. El confucianismo se convirtió en un sistema religioso más formal durante el auge y la difusión del budismo en el primer siglo E.C. El budismo hace hincapié en rechazar el apego al mundo material, lo que muchos confucianos temían crearía una indiferencia por la responsabilidad social. La creencia de que el budismo tendría un impacto negativo sobre la comunidad en general obligó a los confucianos a organizar sus creencias para garantizar la armonía social.

Más tarde, el erudito Zhu Xi contribuyó con escritos que abordaron el comportamiento y los rituales apropiados, con el objetivo de popularizar el confucianismo. Por siglos después de esto, los confucianos tenían que memorizar porciones enteras de sus escritos durante los exámenes. El impacto de Zhu Xi en el confucianismo fue tan influyente como la del propio Confucio.

CREENCIAS

El confucianismo es un sistema que regula cómo las personas interactúan entre sí y con el mundo que les rodea. Hay cinco grandes relaciones que sirven de modelo para el comportamiento individual cotidiano, mientras que cinco grandes virtudes sirven como un código para enriquecer a toda la sociedad. Las filosofías de Confucio están impregnadas en el tejido mismo de la cultura china y se considera que son la ideología indígena china.

Las cinco relaciones centrales son padre-hijo, hermano mayor-hermano menor, esposo-esposa, viejo-joven, gobernante-súbdito. La relación padre-hijo se refiere a la responsabilidad de los padres para inculcar los valores morales en los niños, y a su vez el niño debe ser respetuoso y obediente. La relación hermano mayor-hermano menor resalta la necesidad de que el hermano mayor ayude a guiar en la vida al más joven como una extensión de los padres. Por tradición, el hijo mayor hereda toda la responsabilidad paterna. La relación esposo-esposa se basa en el cuidado mutuo, pero el marido todavía tiene autoridad sobre la esposa. Se espera que él sea el proveedor económico y protector, mientras que ella va a ser el ama de casa. La relación viejo-joven (a veces se cree que sea una relación amigo-amigo) está destinada a fomentar la lealtad y el respeto. La persona mayor ayuda a los más jóvenes en el desarrollo personal, y los más jóvenes cuidan a los mayores a medida que ellos envejecen. Por último, la relación gobernante-súbdito es un reflejo del orden social, tanto a nivel del hogar como dentro de la sociedad en general. El gobernante debe proteger y cuidar a los súbditos, pero a cambio, el súbdito debe ser obediente y apoyar al gobernante. La lealtad es un tema clave que está presente en estas cinco importantes relaciones.

Uno de los aspectos más importantes del confucianismo es el enfoque en la armonía social. Los confucianos creen que hay cinco virtudes que los humanos deben promover, lo que conducirá a la armonía social: Ren, Li, Shu, Xiao y Wen. Ren es la benevolencia o la bondad. Las personas siempre deben tener compasión y cuidar de los demás mostrando respeto y cortesía hacia todos con los que interactúan. Li se refiere a un comportamiento adecuado, que incluye siempre seguir las leyes de la sociedad. Shu sería la más parecida a la regla de oro, lo que significa que una persona debe comportarse como él o ella espera ser tratada. Los aspectos de Shu son evidentes en el principio de Xiao, que se refiere a la piedad filial. El respeto de todos los miembros de la familia, pasados o presentes, está en el centro de Xiao. Los niños no solo deben honrar a sus padres, sino también cuidarlos cuando sean viejos y, una vez adultos, los niños ya mayores deben entonces tener sus propios hijos que les respetarán, honrarán y cuidarán. Por último, en la virtud de Wen, o la cultura, Confucio creía que la gente debe tener interés en la literatura, el arte y la música. Creyendo que una apreciación de las artes llevaría a una interacción humana más benévola, Confucio se refería a ellas como las «artes de la paz». Confucio creía que si todo el mundo seguía estas virtudes, esto conduciría inevitablemente a una sociedad de paz y armonía.

La literatura más conocida asociada con el confucianismo es el *I Ching* (el Libro de los Cambios). El *I Ching* describe las ideas de equilibrio en el universo y la naturaleza cambiante de la existencia.

DEMOGRAFÍA

Debido a que el régimen comunista en China ha prohibido todas las prácticas religiosas, es casi imposible determinar cuántos confucianos hay. Además, la mayoría de los confucianos también practican otras religiones como el budismo o el taoísmo conjuntamente con el confucianismo. Por lo tanto, muchos confucianos no se identifican estrictamente como practicantes del confucianismo.

ZOROASTRISMO

INTRODUCCIÓN

La antigua religión persa del zoroastrismo es una de las más tempranas tradiciones monoteístas, centrada en el dios Ahura Mazda. Los zoroastrianos creen en un dios, todo amor y benévolo, que permite que la gente tenga voluntad libre. La humanidad, no Ahura Mazda, hace que exista el mal porque elige seguir al espíritu maligno Ahriman, que se opone a Ahura Mazda. Así es como los zoroastrianos lidian con el problema del sufrimiento con el que lidian también muchas religiones. Además, los zoroastrianos creen que Ahura Mazda siempre provee a la humanidad con la oportunidad para hacer el bien y da a los seres humanos un firme apoyo en su batalla espiritual contra el mal.

HISTORIA

El zoroastrismo es una religión antigua, ya que comenzó hace casi 3,500 años. El fundador Zaratustra, o Zoroastro en griego, era un revolucionario de su tiempo. En una cultura que era sobre todo politeísta, Zaratustra rechazó enfáticamente el politeísmo y proclamó su creencia en un solo dios llamado Ahura Mazda, o «Señor Sabio». El zoroastrismo era radicalmente diferente a las demás religiones de la época debido a que el propósito de la religión de Zaratustra no era agradar a los dioses con sacrificios. En cambio, Zaratustra creía que la razón principal de la religión era tener un sistema ético personal que, en última instancia, situara a la humanidad al lado de la bondad y la verdad.

El texto central de los seguidores de Zoroastro es el Avesta, probablemente escrito por Zoroastro. Originalmente, el Avesta contenía diecisiete gathas (himnos) que alaban a Ahura Mazda. Sin embargo, hoy solo existen fragmentos del Avesta. Los escritos en el Avesta conforman lo que algunas personas consideran ser una de las mayores colecciones poéticas de la historia, lo cual indica que Zoroastro tenía probablemente una buena educación. Los estudiosos creen que también puede haber sido un sacerdote en la religión prezoroastriana que él había criticado tan fuertemente. Sin embargo, hay poca evidencia de una formación académica específica, ya que hay muchas incógnitas sobre su vida, incluso el período de tiempo de su existencia es objeto de debate.

Zoroastro vivió en lo que hoy es Irán. Sus proclamas religiosas fueron tan radicales que él y sus seguidores fueron perseguidos. Como resultado de esto,

Zoroastro huyó a una zona en el actual Afganistán. En esta nueva tierra, el rey de la región se convirtió después que Zoroastro curara milagrosamente el caballo favorito del rey. El apoyo del rey dio esta nueva religión la protección política que necesitaba para prosperar.

A medida que Zoroastro envejecía, comenzó a destacar la importancia del matrimonio y la familia. Además, Zoroastro animó a la gente para que trabajara con ahínco y apreciara sus vidas.

CREENCIAS

Los zoroastrianos creen en un solo todopoderoso y sabio ser creador llamado Ahura Mazda, que es omnipotente, omnisciente y benevolente. Ahura Mazda creó el mundo y la humanidad, y es la fuente del amor y la felicidad. Siendo poseedor de un carácter moral absoluto e inmutable, Ahura Mazda es el guardián de toda la gente. Esto se representa en el Faravahar o Farohar, el símbolo del zoroastrismo. El Faravahar, que tiene forma de pájaro, tiene en su centro una figura humana que representa el alma humana en el mundo físico, y este ser humano está rodeado por un anillo que representa la inmortalidad del mundo espiritual. Las alas a ambos lados del anillo se alinean con tres hileras de plumas, que representan los buenos pensamientos, buenas palabras y buenas obras, los tres principios por los cuales todos los seguidores de Zoroastro deben tratar de vivir. Del mismo modo, las tres hileras de plumas en la cola representan los malos pensamientos, las malas palabras y las malas acciones, que la humanidad siempre debe tratar de evitar. Por último, las dos líneas que se extienden hacia afuera en direcciones opuestas en la base de la figura representan las fuerzas opuestas del bien y el mal, entre los cuales los seres humanos siempre deben elegir.

Cuando Ahura Mazda creó a la humanidad, no puso límites al libre albedrío. De acuerdo con los zoroastrianos, los seres humanos tienen la oportunidad de elegir entre el bien y el mal; esta elección es importante porque el universo está inmerso en una batalla cósmica entre el bien y el mal, y los seres humanos deben luchar de un lado o del otro. Antes de la creación, había espíritus gemelos del bien y del mal. Spenta Mainya es el espíritu de la verdad, y Angra Mainyu es el espíritu de la mentira. El constante conflicto entre la verdad y la mentira domina la totalidad de la humanidad. Este sistema del bien contra el mal es dual; es decir, dos fuerzas están en oposición. Mientras que Ahura Mazda es el dios benévolo y supremo, también hay un ser maligno y sobrenatural llamado Ahriman, que funciona muy parecido a Satanás en el cristianismo. Ahriman es llamado el «Padre de la Mentira», y su trabajo es tentar a la humanidad y alejarla de la lucha en nombre del bien.

Los zoroastrianos aspiran a vivir de acuerdo a la modesta doctrina de humata, hukhta y huveshta. Humata significa «los buenos pensamientos», y estos buenos pensamientos deben conducir a hukhta, «las buenas palabras». A su vez, las buenas palabras deben ser puestas en práctica por medio de huveshta, «las buenas obras». Al unificar los pensamientos, las palabras y las acciones enmarcadas en Ahura Mazda, los zoroastrianos pueden vivir en armonía.

Zoroastro creía que había dos posibles destinos para una persona en el más allá. O la persona se une a Ahura Mazda en un júbilo puro en un lugar paradisíaco, o la persona es enviada al abismo de fuego infernal de Ahriman como resultado de la mala conducta. Es significativo que los zoroastrianos también esperan un día del juicio final durante el cual Ahura Mazda vencerá finalmente a Ahriman, y el bien por fin triunfará sobre el mal. En ese momento, los muertos serán resucitados, y todos aquellos que fueron fieles vivirán para siempre con Ahura Mazda en este paraíso recién renovado y perfecto.

Por lo general, el culto es una práctica individual en lugar de ser comunal, pero también hay varios rituales y festivales que se celebran en comunidad. Los lugares de culto del zoroastrianismo se llaman Templos de Fuego, porque siempre contienen un fuego sagrado como símbolo de Ahura Mazda. Muchos hogares zoroastrianos tienen pequeños altares de fuego para el culto doméstico; la llama sagrada debe estar siempre ardiendo en el hogar y en el templo, una práctica que se remonta a la antigüedad.

DEMOGRAFÍA

Hay aproximadamente 200,000 zoroastrianos en el mundo de hoy. Las mayores poblaciones se encuentran en el norte de la India, Pakistán e Irán. El número de zoroastrianos se ha reducido significativamente con el tiempo. Una de las razones de esta disminución es la negativa del zoroastrismo a aceptar conversos en la religión. Además, el surgimiento del cristianismo y el islam y de su poder político sobre las regiones del zoroastrismo provocaron un descenso en el número de zoroastrianos. Sin embargo, los zoroastrianos viven en países de todo el mundo.

Rastafarianismo

INTRODUCCIÓN

La colonización del Caribe por los europeos blancos y su posterior esclaviza-
ción de los africanos sembró la semilla de la religión del rastafarianismo. Esta
religión se centra en el deseo de restaurar una madre patria africana, en particular la tierra prometida de Etiopía. Como una religión monoteísta, el rastafarianismo se inspira en muchas influencias del cristianismo y el judaísmo.

HISTORIA

En la década de 1930, un jamaicano llamado Marcus Garvey comenzó la
«Universal Negro Improvement Association» (Asociación Universal para la
Mejora del Negro,) que tenía por objeto devolver a todas las personas de
ascendencia africana a sus lugares de origen. Garvey creía que la coronación
del emperador etíope Haile Selassie fue el comienzo del cumplimiento de esta
profecía; por lo tanto, Garvey lo consideró como un mesías. De hecho, la palabra «rastafari» se basa en el título y el nombre de Selassie antes de convertirse
en emperador (Ras Tafari).

La raza es un tema importante en el rastafarianismo. Leonard Howell,
uno de los primeros líderes del movimiento rastafari, proclamó seis principales creencias doctrinales, dos de las cuales eran la oposición a la cultura blanca
que engendró la esclavitud y las acciones de Dios de justicia y de venganza en
contra de esta cultura. Howell también promovió la superioridad de la cultura
negra en un esfuerzo por deshacerse de una larga historia de opresión. Howell
fue encarcelado brevemente por el gobierno de Jamaica acusado de sedición,
debido principalmente a su devoción por Selassie. Después de esto, el movimiento rastafari se quedó sin un líder formal intencionadamente.

En 1966, Haile Selassie visitó Jamaica, lo cual fue un evento monumen-
tal. Los rastas creen que esta visita fue el comienzo de la liberación que ellos
buscan, dándoles esperanza de un retorno final a Etiopía, la tierra
prometida.

CREENCIAS

Los rastas creen en un Dios verdadero llamado Jah, que está dentro de todas
las personas. A través de la meditación y la experiencia, Jah otorga

revelaciones personales a los que son fieles. Los rastas creen que los africanos son descendientes de los israelitas y que fueron enviados al exilio por el color de su piel. Según la tradición rastafari, Etiopía está conectada a Israel a través del hijo del rey Salomón y la reina de Saba. Por esta razón, se considera que Etiopía es la tierra prometida y que Babilonia es la representación física del infierno. Esta relación con los israelitas permite que los rastas crean en un legado de profetas, comenzando por Moisés.

Los rastas creían que Haile Selassie era Jah en forma humana: el Divino Rey, quien proclamó que la muerte solo afectaría a los injustos. Los rastas también creen en la reencarnación y que la identidad propia se mantendrá en vidas subsecuentes.

Un ritual importante en el movimiento rastafari es la «sesión de razonamiento». Tradicionalmente practicadas solo por los hombres, las sesiones de razonamiento son oportunidades para que las personas se reúnan y compartan mutuamente sus objetivos. El grupo utilizará la marihuana como una hierba sagrada que es una fuente de nutrición, revelación espiritual y relajamiento. Esta práctica no es obligatoria, aunque la mayoría de los hombres rastafaris sí participan.

El rastafarianismo es una religión patriarcal. Como se señaló anteriormente, las mujeres no toman parte en las «sesiones de razonamiento» e históricamente los papeles de las mujeres en el rastafarianismo se han limitado a la vida doméstica, mientras que los hombres asumen las responsabilidades espirituales. Temprano en la historia de la religión, los hombres solían dirigirse a las mujeres como hijas, sin importar la edad, aunque en los últimos años los hombres han empezado a referirse a las mujeres como reinas. El objetivo de la reina es cuidar al rey (su marido), que es el cabeza de familia. También hay prohibiciones en contra del control de la natalidad y del aborto, y las mujeres se consideran impuras durante la menstruación.

Muchos rastafaris usan «dreadlocks» (un estilo de trenzas), imitando la apariencia de los guerreros del Antiguo Testamento que se perdieron en el desierto. Los rastas creen que fue la fuerza de Jah, el León de Judá, la que ayudó a sobrevivir a los guerreros. Los «dreadlocks» son también un símbolo de protesta política. Cuando los esclavos fueron transportados desde África hacia las colonias europeas, a su llegada los dueños de esclavos les afeitaban la cabeza a los africanos. Por lo tanto, usar «dreadlocks» es visto como un rechazo visual de la persecución.

TRADICIONES ORISHA

INTRODUCCIÓN

La religión orisha es a la vez indígena y moderna, y constituye la base de la religión nativa del oeste de África, así como un número de las tradiciones modernas únicas en las Américas. La tradición orisha se originó en África Occidental y luego viajó al mundo occidental a través de la trata de esclavos. Los intentos de conversión forzada por los dueños de esclavos cristianos dieron lugar a cambios y evolución en las tradiciones orisha una vez que los africanos fueron trasplantados a las colonias europeas. Las tradiciones orisha se clasifican a menudo como las religiones de los oprimidos a causa de los muchos cambios que resultaron de la trata de esclavos, tanto en el país de origen Yoruba como en las colonias.

Convencidos de que las tradiciones orisha se basaban en la superstición, los colonos europeos llamaron a estas prácticas diabólicas y hasta peligrosas, porque los creyentes las practicaban en secreto. Este secretismo provocó la sospecha, que dio lugar a malentendidos acerca de las tradiciones orisha que han continuado hasta el presente. La cultura popular ha contribuido a este malentendido porque las películas, la televisión y los libros a menudo presentan la religión orisha como supersticiosa y demoníaca.

HISTORIA

La tradición orisha comenzó en Nigeria dentro de la cultura yoruba. Aunque algunas personas pueden malinterpretar esta religión como politeísta, debido a los múltiples orisha (espíritus), la religión yoruba es en realidad henoteísmo, donde se adora a un solo dios entre muchos. Los orisha son espíritus por lo general asociados con elementos naturales como la cosecha, el cielo o el mar. Estos orisha son los intermediarios entre los seres humanos y el omnipotente dios llamado Olodumare, que no tiene género ni forma.

A partir del siglo XVI, los traficantes de esclavos europeos transportaron a muchos hombres, mujeres y niños yoruba a las Américas, que eran predominantemente cristianas. En esta tierra desconocida, los dueños de esclavos intentaron forzar el cristianismo en sus esclavos, que rápidamente adaptaron sus propias prácticas religiosas para hacer creer que se habían convertido al cristianismo. Estas adaptaciones llevaron al nacimiento de varias tradiciones orisha híbridas, que combinan la religión yoruba con el catolicismo. La más conocida de estas tradiciones son el vudú (Haití) y la santería (Cuba).

CREENCIAS

Aunque los nombres de los espíritus no son iguales, el núcleo de la tradición orisha es el mismo. Adoran a una figura principal que es omnipotente y omnisciente y está desconectado de la humanidad. Con la ayuda de los espíritus, los creyentes pueden encontrar la paz, la redención, la comprensión de sus destinos, la comunicación con personas fallecidas y la curación. En las tradiciones orisha, la danza y los tambores son aspectos importantes de los rituales, ya que éstos son los caminos para que los seres humanos se comuniquen con los orishas y los inviten a estar físicamente presentes entre la humanidad. La adivinación es también central en las tradiciones orisha; con la ayuda de un sacerdote *(babalao)*, una persona puede utilizar la adivinación para comunicarse con los orishas y recibir orientación y curación.

Santería

La santería, «el camino de los santos», se encuentra principalmente en Cuba, a solo noventa millas (unos 144 kilómetros) al sur de Estados Unidos. La santería no tiene ningún órgano específico de gobierno. Cada sacerdote (*santero*) opera su propia *casa de los santos*. La *casa de los santos* no es una iglesia oficial o un templo, sino un hogar que se utiliza para el culto y el ritual. No hay líderes centrales ni una doctrina unificada, aunque los *santeros* consultan con los sumos sacerdotes, llamados *babalaos*. Se cree que el *babalao* tiene una línea directa de comunicación con los orisha, mientras que los orisha se comunican con Olodumare.

Cada practicante tiene un orisha específico a quien él o ella oran. En la santería, en vez de orar en una posición de respeto, la gente prefiere orar cara a cara con el orisha usando imágenes de santos católicos. Por ejemplo, Santa Bárbara se utiliza para adorar a Changó, cuyo dominio es la tormenta. Esta asociación se deriva de la identidad de Santa Bárbara como la santa patrona de los militares, y una historia popular acerca de ella involucra la caída de un rayo sobre su padre cuando él trató de matarla. Cada orisha tiene un día festivo específico que se celebrará como un día de fiesta que debe ser observado. Además, cada orisha tiene rituales específicos que se realizan en su honor.

Algunos critican a la santería porque creen que se esconde dentro de los límites del catolicismo, pero los creyentes insisten en que ellos son a la vez católicos y adeptos de la santería al mismo tiempo y no ven conflicto entre los dos, porque ellos ven muchas vías para llegar al mismo verdadero Dios. Sin embargo, la tradición papal católica no estaría de acuerdo y diría que la santería no puede ser practicada legítimamente junto con el catolicismo.

Para convertirse en seguidor o seguidora de la santería, una persona debe buscar a un *santero* y después pasar por una serie de rituales de iniciación. Al concluir el primer ritual, el iniciado aprende la identidad del orisha a quien él o ella van a orar, y también se le da un collar que le protegerá contra el mal. El objetivo principal de la santería es lograr la armonía con los reinos espirituales y físicos.

La santería no tiene un texto escrito central. En su lugar, existe la antigua tradición oral yoruba que se ha transmitido hasta el presente. Esta colección oral, se llama el *Corpus de Ifá*. Cada individuo tiene también un cuaderno personal llamado *liberta* que es un regalo de su *padrino*. La *liberta* contiene rituales, prácticas, consejos y conjuros para la adivinación escritos a mano. La *liberta* es diferente para cada persona.

Vudú

Vudú significa «la fuerza misteriosa», y tiene las mismas raíces de África occidental que la santería. Los esclavos africanos que fueron transportados a Haití fueron bautizados por sacerdotes católicos tan pronto como llegaron a la isla. El resultado no fue la conversión al catolicismo devoto, sino más bien un movimiento para practicar la religión nativa en secreto. Este secreto ha llevado a una gran especulación, provocando muchos malentendidos sobre el vudú.

Al igual que la santería, el vudú tiene un dios sin género, omnipotente, que no está presente en este mundo. Este dios se llama Bondyé, derivado de la frase francesa *Bon Dieu*, literalmente, «Dios bueno». También hay espíritus llamados Loa a quienes oran los creyentes. Cada uno de los Loa tiene dominios únicos, incluyendo el mar, las tormentas, la guerra, la creación, el amor y mucho más. Al igual que la santería, los Loa del vudú tienen conexiones con los santos católicos, y estos espíritus interactúan con la gente en la tierra. Además, cada Loa tiene oraciones específicos, bailes y festivales relacionados con él o ella, y la gente viene al Loa individual con oraciones, peticiones y preguntas específicas.

El ritual de vudú se suele practicar en las casas de los sacerdotes *(houngans)* o sacerdotisas *(mambos)*. Un enfoque común del culto es la curación, que es un aspecto vital de prácticamente todo el ritual vudú. Los practicantes del vudú también llevan a cabo rituales para reclamar almas perdidas de los antepasados, ya que las almas no reclamadas en el más allá pueden ser peligrosas para los vivos. Estas almas pueden causar malestar, pero si se les respeta, no les harán daño a los vivos.

DEMOGRAFÍA

La religión yoruba todavía está muy activa en Nigeria, Togo y Benin. Más de 60 millones de personas, la mayoría en las Américas, practican el vudú.

También existen otras tradiciones orisha con raíces en la religión yoruba, incluyendo el candomblé en Brasil y changó en Trinidad. Hay más de 100 millones de practicantes en Brasil; 5 millones de personas practican la santería entre Cuba y Estados Unidos.

NEOPAGANISMO, WICCA Y DRUIDISMO

INTRODUCCIÓN

El neopaganismo se refiere a un grupo de religiones que saca sus creencias y prácticas de las antiguas tradiciones basadas en la naturaleza. Para muchas personas, el término *pagano* se utiliza despectivamente para insinuar que alguien está yendo en contra de la norma o no es civilizado. El significado original del término proviene del latín *pagus*, que por lo general se refiere a una parcela de tierra o al campo. Así, la palabra *paganus* se refería a los campesinos que se aferraron a las antiguas prácticas religiosas y se negaron a convertirse al cristianismo.

Algunas de las tradiciones neopaganas más conocidas son la wicca y el druidismo, aunque hay muchas tradiciones que conforman el paganismo en general. Las antiguas religiones romanas, griegas y egipcias son ejemplos de antiguas tradiciones paganas. Las antiguas tradiciones chinas que se centran en la tierra y los espíritus también se han clasificado como las religiones paganas.

HISTORIA

Las tradiciones religiosas del neopaganismo se remontan a la antigüedad, por lo que no hay un fundador primario o grupo de origen. A lo largo de la historia, estas religiones han sido perseguidas como heréticas bajo los dominios cristiano e islámico. Sin embargo, en los últimos años, el número de practicantes del neopaganismo ha ido en aumento. Este aumento podría ser el resultado de la preocupación mundial sobre el cambio climático o la disminución de los recursos naturales, ya que estas antiguas tradiciones promueven una conexión espiritual con la tierra. De todas maneras, en los últimos cincuenta años, grupos como Orgullo Pagano se han desarrollado en apoyo de estas tradiciones religiosas.

CREENCIAS

Wicca

Dentro de la religión wicca, hay muchas creencias diferentes. Algunos wiccanos creen que hay muchos dioses, mientras que otros creen en uno solo. Algunos se centran en el concepto de una deidad con dos géneros que tiene características masculinas y femeninas, mientras que otros enfatizan solo el femenino y por lo tanto, participan en el culto a diosas.

La mayoría de los días festivos se centran en los cambios de las estaciones. Hay un total de ocho días de alta religiosidad llamados Sabbats, que caen durante los solsticios y equinoccios. En la ocurrencia mensual de la luna llena, llamada Esbat, se celebra por lo general un servicio comunal. El «pentáculo», o pentagrama, es el símbolo más conocido de la wicca. Cada punta representa un elemento: tierra, aire, agua, fuego y espíritu. El espíritu es considerado el elemento más importante del mundo natural. Tradicionalmente, los practicantes de la wicca son llamados brujos, ya sean hombres o mujeres, y la práctica de la wicca se llama brujería. No hay ningún texto sagrado central para los wiccanos, pero muchos aquelarres (grupos de wicca) coleccionan conjuros (ensalmos u oraciones usados en las ceremonias) que pasan de generación en generación. Los wiccanos creen que pueden comportarse de la manera que ellos quieran siempre que no perjudiquen a otras personas. Esta ética se llama la Rede wicca.

Druidismo

El druidismo está en segundo lugar entre las más grandes tradiciones neopaganas, con el mayor número de practicantes en Inglaterra. El druidismo comenzó en el siglo XVIII y los druidas sufrieron grandes persecuciones por sus creencias. La conexión del druidismo a la antigua religión basada en la naturaleza no es tan evidente como en la wicca, pero muchos druidas trazan su fe a los antiguos celtas, que se remontan al 4000 A.E.C. Los druidas son en su mayoría politeístas, reclamando como su panteón una treintena de deidades principales y varias otras deidades de menor importancia. La mayoría de estas deidades están relacionadas con la naturaleza, con el dios sol y el dios fuego como los más importantes. Aunque muchos druidas son politeístas, algunos druidas son monoteístas y aun otros son animistas. El culto druida se realiza tradicionalmente en huertos llenos de árboles de roble, por eso es que el término druida significa «sabiduría de árbol de roble». Los días sagrados, también llamados fiestas del fuego, se asocian con los cambios de estación. Los druidas tienen cuatro días sagrados y cada uno cae entre el solsticio y equinoccio. El sistema de creencias druida es muy abierto y no todos los druidas practican sus creencias de la misma manera. Los druidas tienen respeto por la naturaleza y promueven la interacción humana pacífica.

DEMOGRAFÍA

No hay un cálculo mundial actual sobre cuántas personas son neopaganas. Sin embargo, Adherents.com afirma que había aproximadamente un millón de practicantes hasta el año 2000. Lo más probable es que ese número haya crecido en los últimos once años. Debido a que hay tantas religiones que pueden o no ser clasificadas como neopaganas, los cálculos exactos son imposibles de lograr. El mayor número de practicantes de wicca está en Estados Unidos.

Religión indígena americana

INTRODUCCIÓN

Aunque no todas las tradiciones indígenas americanas son las mismas, teniendo cada tribu sus propias creencias y prácticas, hay todavía algunos elementos comunes. Las tradiciones religiosas de los indígenas americanos difieren de muchas otras religiones porque, al igual que la mayoría de las religiones indígenas, sus prácticas espirituales están entrelazadas con la cultura tribal como una forma de vida.

HISTORIA

Las tribus indígenas americanas sintieron un gran impacto en su forma de vida durante la colonización europea de Norte y Sur América a partir del siglo XV. Las tribus sufrieron y murieron por la introducción de nuevas enfermedades, para las cuales los indígenas americanos no tenían inmunidad; y los pueblos indígenas perdieron sus tierras a medida que los colonos europeos los obligaron a abandonar sus territorios tradicionales. Debido a que las ceremonias tribales a menudo tenían fuertes lazos con la tierra, la pérdida de esta tierra requirió muchos cambios en las formas en que las tribus adoraban. Las tribus fueron diezmadas a medida que luchaban contra los colonos. Los misioneros cristianos impusieron la conversión forzosa o alentaron la práctica del sincretismo entre los indígenas americanos, lo que significa que las tribus mezclaron sus propias tradiciones espirituales con las prácticas cristianas. En 1887, el gobierno de Estados Unidos aprobó la Ley Dawes, que prohibió todas las manifestaciones religiosas de los indígenas americanos, y esta política permaneció en vigor por casi cincuenta años. Durante ese tiempo, los indígenas americanos no pudieron practicar ceremonias religiosas o usar la vestimenta tradicional de las tribus sin temor a represalias por parte de las autoridades. Las relaciones entre los indígenas americanos y la cultura que los rodeaba siguen siendo complicadas debido a esta difícil historia.

CREENCIAS

La mayoría de las tribus no tienen escrituras o creencias doctrinales por escrito; las tradiciones se han sobrevivido por la transmisión oral en el transcurso de muchos años. Durante el período colonial, muchos indígenas americanos creían que la tradición oral era lo más seguro, porque los colonos europeos no podrían destruir las creencias tribales si se las aprendían de memoria. Solo muy recientemente algunas tribus han comenzado a transcribir algunas de sus creencias en forma escrita para las generaciones futuras.

Las tradiciones religiosas tribales varían en términos de su desarrollo y su historia. Muchas tribus americanas indígenas creen que sus antepasados han estado siempre en la misma tierra desde los comienzos del tiempo. En consecuencia, numerosas creencias y rituales están geográficamente centralizados. Las creencias se centran en el carácter sagrado de la naturaleza y la reverencia por sus antepasados. Se considera que muchas tradiciones indígenas americanas son panteístas, lo cual significa que la divinidad está en todas las cosas del mundo natural, incluyendo las montañas, las plantas, los animales, los árboles, etc. Sin embargo, algunas tribus creen en un creador divino y ofrecen oraciones a esta deidad como el dios creador. Algunas otras tribus también honran a un amplio panteón de deidades que rigen los diferentes aspectos del mundo natural.

Los chamanes, a veces llamados curanderos, sirven como líderes físicos y espirituales de una tribu. Los chamanes recetarán remedios naturales tradicionales para las personas que padecen enfermedades. Se considera también que el chamán es el comunicador principal con lo divino y es, por lo tanto, el líder de los rituales ceremoniales, que típicamente incluyen tambores, cánticos y bailes. Hay muchas ocasiones específicas para estos rituales, como alcanzar la mayoría de edad, la purificación de las personas u objetos, honrar a los antepasados y dar gracias a la tierra. Algunas tribus pueden utilizar sustancias como la marihuana, el tabaco o el peyote para las prácticas ceremoniales. Las ceremonias pueden ser públicas o privadas, aunque la mayoría de ellas están cerradas para los que no son miembros de la tribu.

DEMOGRAFÍA

Hay aproximadamente 250,000 indígenas americanos en Estados Unidos. Su población se redujo significativamente debido a la colonización, que a veces ha sido descrita como un genocidio. Con el tiempo, muchos indígenas se han convertido a otras religiones, por lo que el número de personas que practican las tradiciones espirituales indígenas es menor que la población total de indígenas americanos en Estados Unidos.

RELIGIONES DE SITIO COMPARADAS CON EL CRISTIANISMO

	NATURALEZA DE DIOS	NATURALEZA DE LA HUMANIDAD	NATURALEZA DEL UNIVERSO	NATURALEZA DE LA RELIGIÓN	FUNDADORES Y TEXTOS
CRISTIANISMO	Un solo creador-Dios en tres personas: Padre, Hijo y Espíritu Santo. Dios es personal, tiene interacción con la humanidad, es todo conocedor y todo poderoso.	Dios permite a los humanos tener una voluntad libre para que puedan escoger entre lo bueno y lo malo. No obstante, son inherentemente pecaminosos y son incapaces de lograr la salvación por sus propios medios. En última instancia, la salvación solo viene de Dios.	Este mundo es provisional. Estamos participando en una guerra entre el bien y el mal. Algún día Dios juzgará a toda la gente al final del tiempo, que ocasionará la venida largamente esperada del «Reino de Dios».	A través de creer en Jesucristo, los humanos son salvados del pecado y tendrán vida eterna después de la muerte. Porque Jesús es el supremo sacrificio para expiar los pecados de la humanidad, el cristianismo es el único camino a la salvación.	Los fundadores fueron seguidores de Jesús de Nazarét, nacido en algún momento entre el 7 A.E.C. y el 1 E.C. Los textos incluyen la Biblia (incluyendo el Antiguo y Nuevo Testamentos) y para algunos cristianos los libros apócrifos.
TAOÍSMO	Las creencias taoístas varían; algunos taoístas adoran una variedad de deidades, espíritus, y/o antepasados, mientras que otros sencillamente observan una reverencia para el Tao o «el camino», que representa la naturaleza del universo.	Los humanos tienen una naturaleza dual, con el cuerpo representando tanto los principios espirituales como el mundo natural. En conseguir el equilibrio espiritual, uno se alinea con la naturaleza y se mueve en armonía con el tao, que debe ser la meta de toda la humanidad.	El universo es estimulado por qi, la fuerza de vida que fluye a través de todo, que es ordenado por tao. El equilibrio del universo es capturado en el símbolo de Yin yang, mostrando la interdependencia de puntos opuestos; se necesitan los dos para conseguir la armonía.	El taoísmo propugna la compasión, moderación, y humildad. La religión debe mover a la gente hacia la acción moral, debe enseñar moderación y el autocontrol, con el fin último de traer a la gente en equilibrio con la naturaleza y el universo.	El fundador Lao Tzu quizá podía haber vivido en el siglo sexto A.E.C., aunque los eruditos cuestionan su existencia histórica. A él se le acredita la escritura del *Tao te ching*, el texto mas prominente del taoísmo. Existen también muchos textos secundarios.
SINTOÍSMO	Las deidades o espíritus denominados kami están presentes por todo el mundo natural. Kami pueden tomar formas o quedar sin tener forma. Pueden conceder bendiciones o entregar maldiciones, y la gente los adora en los santuarios por todo Japón.	Los seres humanos son espíritus que habitan los cuerpos, aunque los espíritus humanos se diferencian de los espíritus kami. Si las personas viven vidas morales, quizá se pueden convertir en espíritus ancestrales después de la muerte.	El universo shinto queda restringido a las islas japonesas, las cuales son divinas en su origen. La gente, la tierra, y los espíritus de Japón son conectados íntimamente el uno con el otro.	El sintoísmo es una colección de creencias y prácticas que conectan a la gente con la historia, cultura, y geografía de Japón. Aunque incluyen espíritus compartidos, mitos y rituales, el sintoísmo se define mejor por las acciones que por la creencia.	Como religión antigua que se remonta a los tiempos prehistóricos, el sintoísmo no tiene ni un solo fundador ni textos sagrados.

RELIGIONES DE SITIO COMPARADAS CON EL CRISTIANISMO CONTINUADA

	NATURALEZA DE DIOS	NATURALEZA DE LA HUMANIDAD	NATURALEZA DEL UNIVERSO	NATURALEZA DE LA RELIGIÓN	FUNDADORES Y TEXTOS
CHAMANISMO	El chamanismo involucra una creencia en los espíritus, que pueden si existir o no al lado de cualesquiera deidades.	Aunque el mundo está lleno de seres espirituales, la mayoría de los humanos no pueden verlos o comunicarse con ellos, con la excepción de los chamanes.	Existen niveles múltiples de existencia: el mundo humano y el mundo espiritual. Los chamanes pueden penetrar estas dos realidades, sirviendo como médiums entre humanos y espíritus.	Los chamanes se comunican con los espíritus y/o los antepasados del pasado, presente o futuro. Estos espíritus ofrecen orientación, curan enfermedades físicos o espirituales, y conceden protección a la gente.	El chamanismo abarca sistemas de creencia múltiples, así que no hay un solo texto o fundador.
CONFUCIANISMO	El confucianismo no incluye la creencia en una deidad específica.	Todas las personas son capaces de ser buenos y con orientación, pueden conseguir paz social y armonía, siempre que tratan el uno al otro con bondad y respeto.	Aunque no hay una deidad específica, todavía existe reverencia para (y en algunos casos) adoración para los espíritus de los antepasados. El código ético del confucianismo honra las expectativas de los antepasados.	Utilizando a las relaciones sociales como modelos para establecer valores éticos, las personas pueden conseguir una sociedad ideal. El confucianismo no es una religión del otro mundo, más bien su enfoque es en las acciones humanas y las obligaciones en esta vida, dentro del mundo material.	Confucio, nacido en 551 A.E.C. fundó el confucianismo. El texto más importante es el texto chino antiguo llamado el *I Ching*, cuyas fechas remontan a antes de 2000 A.E.C. mucho antes de que Confucio existiera.
ZOROASTRISMO	Un Dios no creado (Ahura Mazda) quien personifica la bondad absoluta, y quien tiene como rival uno similar y singular, una fuerza no creada malvada (Ahriman).	Los humanos son guerreros en la batalla cósmica entre orden y caos, bueno y malo. Aunque Ahriman intenta tentarles apartándoles de la bondad, las personas deben resistir y luchar por verdad y luz. Los que luchan para el bien irán al cielo, y los que luchan para la maldad, al infierno.	El mundo físico es temporal, y lo espiritual es eterno. El mundo es un campo de batalla entre Ahura Mazda y Ahriman. Su guerra continuará hasta el día final de juicio, cuando el bien al final derrotará al mal, todos serán juzgados, y los muertos serán resucitados.	Pensamientos buenos, palabras buenas, y hechos buenos acercan a las personas más a Ahura Mazda. El fuego es un símbolo importante de pureza y divinidad, y es presente en la mayoría de los rituales. Las personas buscan un salvador futuro (Saoshyant) para llevar a cabo la renovación del mundo en el juicio final.	Nadie sabe exactamente cuando el fundador Zaratustra, o Zoroastro en griego, vivió; hay cálculos que remontan hasta antes del 6000 A.E.C. El Avesta es el texto más sagrado, de lo cual solo quedan fragmentos.

	NATURALEZA DE DIOS	NATURALEZA DE LA HUMANIDAD	NATURALEZA DEL UNIVERSO	NATURALEZA DE LA RELIGIÓN	FUNDADORES Y TEXTOS
RASTAFARIANISMO	Un Dios singular llamado Jah, que los rastas identifican con el Dios cristiano. Algunos rastas ven a Haile Selassie I, el emperador de Etiopía del 1930 al 1974, como la encarnación de Jah, pero otros ven a Selassie únicamente como un mensajero.	Los rastas creen que los africanos son descendidos de los israelitas y siguen siendo el pueblo escogido de Jah. Algunos rastas pueden renacer dentro de cuerpos nuevos con la misma identidad, y otros creen que sus cuerpos presentes vivirán para siempre.	*Babilonia* se usa para describir el mundo moderno, que es malo y corrupto. Los rastas buscan la liberación futura de la atadura y la libertad en la tierra prometida de Etiopía.	Los rastas ven su movimiento como una extensión del cristianismo, con Selassie como una figura moderna mesiánica. Mientras que esperan un paraíso celestial algún día, los rastas ven este paraíso manifestado en la tierra, en Etiopía.	Aunque Selassie es la cosa mas cercana a un fundador, él nunca adoptó explícitamente este papel. Además de la biblia cristiana, muchos rastas también consideren el *Kebra nagast* (que remonta al siglo 13 o 14 E.C.) como sagrado.
TRADICIONES ORISHA	Dios es impersonal y no conocible; por lo tanto, espíritus sobrenaturales (orisha en yoruba y santería, Loa en vudú) sirven como intermediados entre Dios y la humanidad.	Los humanos escogen soportar o las fuerzas que ordenen las cosas o las caóticas, y son juzgados por Dios por sus acciones. En la muerte, una persona buena puede llegar a ser un espíritu ancestral, o escoger ser reencarnado dentro de la misma familia.	El universo tiene tanto esferas materiales como espirituales, que están en tensión el uno con el otro. Los humanos son un tipo de ser que existe al lado de orisha/Loa, los antepasados, y los espíritus demoníacos.	La religión (oración, sacrificio, comunicación con el orisha) ayuda a la persona mirar hacia adentro para conseguir la transcendencia espiritual. Por medio de la adivinación, una persona puede recibir orientación para ayudarle a luchar contra el caos en tanto escala grande como pequeña.	La religión yoruba fue fundada por Orunmila, quien vivió alrededor de 3000 A.E.C. Vudú y santería son religiones sincretistas y no tienen fundadores, aunque los practicantes pueden usar la Biblia cristiana como texto sagrado.

RELIGIONES DE SITIO COMPARADAS CON EL CRISTIANISMO CONTINUADA

	NATURALEZA DE DIOS	NATURALEZA DE LA HUMANIDAD	NATURALEZA DEL UNIVERSO	NATURALEZA DE LA RELIGIÓN	FUNDADORES Y TEXTOS
NEOPAGANISMO, WICCA Y DRUIDISMO	No hay deidad particular afiliada con estas tradiciones en general, aunque sectas individuales pueden adorar a ciertas deidades.	En general, la gente dentro de estas tradiciones intenta no hacer daño a los demás. Puntos de vista específicos sobre la humanidad son únicos a grupos particulares.	Estas tradiciones tienden a ser enfocadas en lo sagrado del mundo natural.	La creencia religiosa y la ritualidad aumentan la conexión de la persona a la naturaleza y la fuerza de vida en ella. Datos particulares varían dentro de las tradiciones.	Estas tradiciones tienen raíces en la antigüedad y como tal no tienen fundadores individuales. Ciertos grupos y sectas individuales tienen textos sagrados únicos.
AMERICANA INDÍGENA	Varía mucho según la tradición. Existen muchas deidades y espíritus dentro de las religiones americanas indígenas.	Los humanos tienen almas-espíritus como los animales y otros elementos naturales. Muchas tribus ponen el enfoque en las interacciones respectivas entre las almas humanas y las no humanas, aunque los detalles varían según la tribu específica.	Según la tradición, el universo espiritual fue atado a la tierra ancestral de cada tribu particular. La reverencia para el mundo natural es una característica común de americanos indígenas.	El rito religioso enfoca en honrar las deidades o espíritus restaurando el equilibrio con la naturaleza, logrando la purificación, y/o implorando la ayuda de lo divino. El método específico varía según la tribu.	Como tradiciones indígenas, los americanos indígenas no tienen fundadores o textos específicos. Sin embargo, dentro de muchas tribus, las tradiciones han pasado oralmente a través de las generaciones y sirven en la misma función como un texto sagrado.

RELIGIONES SINGULARMENTE ESTADOUNIDENSES

Mormonismo

INTRODUCCIÓN

El mormonismo fue fundado en Estados Unidos durante la década de los 1800s. También conocido como la Iglesia de Jesucristo de los Santos de los Últimos Días (LDS, por sus siglas en inglés), el mormonismo ha sido sometido a la persecución religiosa, se ha sometido a cambios en sus doctrinas centrales y se ha extendido globalmente a través del programa misionero de la iglesia. Mientras que la mayoría de los mormones dicen ser parte de la tradición cristiana, muchos cristianos tradicionales niegan esta afirmación debido a las creencias mormonas sobre la Trinidad, sobre el más allá y por el Libro de Mormón.

HISTORIA

Durante el siglo XIX, Joseph Smith fundó el movimiento de los Santos de los Últimos Días. Según la tradición, cuando vivía en Nueva York, Smith encontró varias placas de oro que contenían escritos por el profeta Mormón. Smith afirmó que Dios le concedió la capacidad de traducir e interpretar las placas, que él llamó el Libro de Mormón. Hoy en día, la Iglesia de Jesucristo de los Santos de los Últimos Días utiliza esta colección de escritos conjuntamente con los del Antiguo y el Nuevo Testamento. Los mormones consideran que el Libro de Mormón es la palabra directa de Dios.

Smith comenzó la iglesia en Kirtland, Ohio, donde muchas personas se convirtieron y comenzaron a establecer la comunidad de los creyentes en la nueva Sión. Smith creía que Dios lo había llamado para establecer la nueva tierra prometida en Estados Unidos y supervisó la construcción de un templo para simbolizar la unión sagrada de la comunidad; sin embargo, los no mormones en el área comenzaron a desaprobar la expansión. Las tensiones eran tan altas que estos primeros Santos de los Últimos Días se trasladaron a Nauvoo, Missouri.

La comunidad de los Santos de los Últimos Días construyó otro templo en Missouri y la comunidad, una vez más, ganó fuerzas. Joseph Smith anunció su candidatura a la presidencia de Estados Unidos en 1844, pero poco después, él y su hermano fueron asesinados. Poco antes del asesinato de Smith, se creó un órgano de gobierno de la iglesia llamada el Quórum. El Quórum incluía doce apóstoles, uno de los cuales era Brigham Young.

Inmediatamente después del asesinato de Smith, Brigham Young enfrentó la oposición de la comunidad no mormona y consideró que era importante evitar el conflicto; por lo tanto, una vez más, trasladó la comunidad, esta vez a Utah. En Utah, Young estableció una teocracia, asumiendo autoridad sobre ambos, el gobierno y la iglesia. Treinta años después que la comunidad se trasladó a Utah, los colonizadores comenzaron a construir el Tabernáculo como un centro para el culto mormón. Con el tiempo, la comunidad sufrió conflictos, tanto internos como externos, como resultado de temas polémicos como la práctica de la poligamia. En 1890, el gobierno federal confiscó todas las propiedades de la iglesia. En ese momento, Joseph F. Smith era líder de la comunidad. Smith se presentó ante el Congreso de Estados Unidos y se opuso públicamente a la práctica de la poligamia y, hasta la fecha, la Iglesia de Jesucristo de los Santos de los Últimos Días rechaza oficialmente la práctica del matrimonio múltiple.

CREENCIAS

Los miembros de la Iglesia de Jesucristo de los Santos de los Últimos Días ven a sí mismos como cristianos protestantes. Sin embargo, hay varias creencias mormonas que difieren de otras denominaciones cristianas.

Los mormones creen que la iglesia cristiana primitiva se corrompió, por lo que rechazan el Credo Niceno y el concepto tradicional de la Trinidad (Padre, Hijo y Espíritu Santo). Mientras que los cristianos tradicionales creen que la Trinidad está constituida por tres formas de la misma esencia divina, la Iglesia Mormona cree que cada forma posee su propia divinidad. Algunos mormones creen que el Padre existió una vez en forma física y tuvo relaciones sexuales con María para concebir a Jesús.

Aunque los mormones son únicos en su creencia de que Jesús estaba casado, también comparten la común creencia cristiana de que Jesús murió por los pecados de la humanidad, con la aceptación y la expiación que resulta en el perdón de los pecados. El Libro de Mormón dice que Jesús vino a las Américas después de que él fue crucificado, sepultado y resucitado. Por otro lado, ninguna otra denominación cristiana cree que Jesús vino a América del Norte y del Sur para compartir el evangelio y llevar a cabo milagros de curación. De acuerdo con el Libro de Mormón, los pueblos de las Américas vivieron en perfecta paz por más de 200 años después que Jesús se presentó entre ellos.

Los mormones creen que todas las almas siempre han existido y que, por lo tanto, no son creadas. Esto también es una característica especial de la iglesia mormona, porque la mayoría de los cristianos creen que cada alma es creada por Dios para vivir una sola vida. Además, dado que los mormones creen que Dios evolucionó a partir de una forma humana, también creen que todos los mormones pueden convertirse en dioses. Para los cristianos, hay una distinción entre el hombre y Dios, por lo que no puede haber un momento de transformación en un ser divino. El sacerdocio, o la comunidad de los mormones, creen que los que no son mormones pueden ir al cielo, pero no pueden llegar a ser dioses.

La Iglesia de Jesucristo de los Santos de los Últimos Días considera que el Libro de Mormón es el quinto evangelio. La tradición mormona sostiene que un profeta con el nombre de Mormón coleccionó las historias de los tiempos antiguos y las grabó en siete placas de oro, que más tarde serían encontradas por Joseph Smith. El Libro de Mormón cuenta la historia de los antiguos pueblos de las Américas hasta la visita de Jesús a América del Norte y del Sur. El libro comienza con la historia de un hombre llamado Lehi, a quien Dios le dijo que construyera un barco, que tomara su familia y que navegara a las Américas. Lehi obedeció, por lo que su familia prosperó.

A los que no son mormones no se les permite entrar en el Tabernáculo o en cualquier otro templo mormón. Los mormones consideran que la presencia de una cruz en los santuarios es idolatría, porque creen que es la adoración de un símbolo en lugar de Dios. Sin embargo, hay otros símbolos que se utilizan con frecuencia, incluyendo la colmena y la gaviota. La colmena es importante no solo porque los mormones en un principio llevaron las abejas con ellos cuando se trasladaron a Utah, sino también porque la colmena simboliza la obediencia a la Palabra de Dios. Idealmente, los mormones se esfuerzan para trabajar juntos, como lo hace una colmena de abejas, y el resultado de esto es la dulzura de la armonía social. La gaviota representa la protección de Dios. Hace años, los mormones en Utah encontraron que sus cultivos eran atacados por las langostas y temían que no les quedaría nada para comer una vez que su posible cosecha fuera consumida. Sin embargo, una bandada de gaviotas vino al rescate y devoró las langostas, salvando así los cultivos. Los mormones creen que las gaviotas eran un milagro enviado por Dios.

Una reunión de culto mormón siempre incluye la celebración de la comunión, llamada el Sacramento, que consiste en pan y agua. Los mormones se oponen al uso de vino o jugo de uvas durante el servicio. Otros sacramentos cristianos tradicionales se observan, pero no se consideran como doctrinales. El bautismo, llevado a cabo por inmersión total, es considerado como un signo externo de compromiso personal con Dios, y el bautismo también admite a una persona en el sacerdocio de los creyentes. El bautismo nunca se realiza antes de que la persona cumpla los ocho anos de edad porque los mormones creen que uno debe ser capaz de entender el compromiso que él o ella está haciendo; por lo tanto, los mormones no creen en el bautismo de los bebés. Solo una autoridad adulta en el sacerdocio de los creyentes puede llevar a cabo los bautismos.

Joseph Smith abogó por varias prácticas singularmente mormonas, incluyendo el matrimonio múltiple, los sellados y el bautismo de los muertos.

Joseph Smith aprobó la poligamia, en la creencia de que esta práctica podría ampliar la familia de los creyentes. Él también creía que las muchas esposas podrían ayudarse mutuamente en las tareas del hogar, aunque el matrimonio plural fue abolido más tarde. En cuanto al matrimonio en general, los mormones no creen que Dios reconoce el matrimonio civil; por lo tanto, se lleva a cabo una ceremonia de sellado para asegurar que los maridos, las esposas, los hijos y otros miembros de la familia permanecerán juntos en el más allá. Los mormones también creen en el bautismo de los muertos, dando a los difuntos otra oportunidad para poder entrar en el reino de Dios. Estos bautismos, por lo general realizados por un miembro del sacerdocio, requieren que otro miembro de la familia sirva como representante físico de la persona fallecida durante la ceremonia.

La mayoría de los mormones también observan la Palabra de Sabiduría, que Joseph Smith registró como una revelación de Dios. La Palabra de Sabiduría contiene las directrices para el comportamiento mormón. Por ejemplo, hay normas dietéticas que favorecen el consumo de frutas y cereales con un consumo modesto de la carne; también hay prohibiciones contra el tabaco, el alcohol y la cafeína. Además, la Palabra de Sabiduría anima el diezmo de una décima parte del valor financiero de la persona.

Durante muchos años, los mormones creyeron que la piel oscura era una representación física de la herencia de Caín, de la historia bíblica de Caín y Abel. Como Caín mató a Abel, los mormones creen que fue maldecido por Dios. Por lo tanto, las personas de piel oscura llevaban esta asociación y los mormones los evitaban. No fue hasta 1978 que a los afroamericanos se les permitió formar parte del sacerdocio de los creyentes.

DEMOGRAFÍA

Dentro de Estados Unidos, en cuanto su tamaño, la Iglesia de Jesucristo de los Santos de los Últimos Días es la cuarta denominación cristiana, llegando a casi 5.5 millones de miembros. Sin embargo, la mayoría de los mormones no viven en Estados Unidos; solo el doce por ciento vive en Utah, y el restante ochenta y ocho por ciento está disperso por el resto del mundo.

A nivel mundial, la iglesia mormona ha tenido un gran impacto a través de sus misioneros. Por lo general, antes que los hombres jóvenes se casen van en un viaje misionero de dos años para compartir sus ideales religiosos y para ayudar a las comunidades empobrecidas. Este impacto misionero es especialmente pronunciado en África y Asia. En África, más de 250,000 personas se identifican como mormones, y en Asia, hay más de 1 millón de mormones. Hay más de 14 millones de mormones en todo el mundo.

UNIVERSALISMO UNITARIO

INTRODUCCIÓN

Los universalistas unitarios consideran que ellos tienen una actitud abierta y acogedora para todas las personas de todas las religiones en todo momento. Sin embargo, muchas denominaciones cristianas no aceptan el universalismo unitario como una rama del cristianismo, porque ellos rechazan la doctrina de la trinidad y aceptan las tradiciones sagradas de múltiples religiones. En consecuencia, el universalismo unitario es un grupo marginado dentro de la cristiandad en general.

HISTORIA

Durante la Reforma protestante en el siglo XVI, un grupo de Rumania decidió que la Trinidad no tenía base bíblica. En base a esta creencia, el grupo estableció la primera congregación unitaria, que creció como una rama del movimiento congregacionalista. Los primeros unitarios fueron perseguidos por cuestionar las ideas de la iglesia y apoyar el derecho del individuo a determinar su propia comprensión de la doctrina. De hecho, el fundador del unitarismo en Inglaterra, un científico y teólogo llamado Joseph Priestley, sufrió tantos virulentos ataques en Inglaterra que finalmente huyó a Estados Unidos.

La primera Iglesia Universalista de América fue fundada por Elhanan Winchester en Nueva Inglaterra en 1871. Sin embargo, muchos grupos similares se desarrollaron al mismo tiempo por todos Estados Unidos. Los primeros universalistas ponían un fuerte énfasis en la evangelización. Además, debido a que una creencia básica del universalismo es que todos los seres humanos merecen dignidad y respeto, los primeros universalistas apoyaron firmemente las cuestiones de justicia social y hablaron en contra de la esclavitud.

Originalmente, había dos grupos: los unitarios, que proclamaron la unidad de Dios y rechazaban el trinitarianismo, y los universalistas, que creían que todos los seres humanos estaban salvados. Ambos grupos estaban al margen de las iglesias protestantes más tradicionales. En 1961, los dos grupos se fusionaron en uno solo. Tanto los unitarios como los universalistas sostenían filosofías de actitudes abiertas y liberales que eran importantes para sus identidades como grupos.

CREENCIAS

El tema central que une a todos los universalistas unitarios es la diversidad. Ellos creen que no hay una verdad última demostrable, y que hay múltiples perspectivas sobre la espiritualidad y la sabiduría que contribuyen al desarrollo personal y al crecimiento espiritual. Los servicios de culto de los universalistas unitarios incluyen escritos de múltiples tradiciones religiosas. Ellos se han apropiado extractos de textos como el *Dhammapada*, el *Bhagavad Gita* y el *Tao Te Ching*. La creencia unitaria también incorpora una comprensión ética judeocristiana de ser amable con el prójimo, la creencia humanista acerca de la importancia de la razón y las perspectivas sobre el mundo natural que son compatibles con el naturalismo religioso.

Las reuniones de culto del domingo por la mañana se asemejan a los de las tradiciones de fe protestante. Sin embargo, no hay celebraciones oficiales de sacramentos como el bautismo, la comunión o la confirmación, y no hay ningún credo fundamental que se deba seguir. La mayoría de los unitarios también creen que Jesús era más bien un activista social en lugar de ser el Hijo literal de Dios.

Muchos unitarios se consideran monoteístas, a pesar de su aceptación de múltiples interpretaciones de lo divino. Hay siete principios que guían a los universalistas unitarios:

1. La afirmación de la dignidad y el valor de todas las personas.
2. El compromiso con la justicia y la acción compasiva.
3. El apoyo al proceso de crecimiento espiritual único de cada persona, y la aceptación de las diferencias que inevitablemente existirán.
4. La garantía de libertad y responsabilidad de cada individuo en la búsqueda espiritual.
5. El compromiso con el proceso democrático a todos los niveles, desde la congregación hasta el gobierno.
6. La lucha por la paz, la libertad y la justicia a nivel global.
7. Mantener el respeto por la vida toda, lo cual incluye no solo a los seres humanos sino también a todo el mundo natural.

DEMOGRAFÍA

Hay más de 1,000 iglesias con una membresía activa, y aproximadamente 250,000 universalistas unitarios en Estados Unidos. Los universalistas unitarios son bastante nuevos en el panorama religioso, lo que puede explicar la falta de una presencia mundial más amplia; sin embargo, Canadá y las Islas Vírgenes de Estados Unidos también reportan una población significativa de ellos.

Cienciología

INTRODUCCIÓN

Desde su fundación, la cienciología ha enfrentado bastantes controversias. Algunas cuestiones se refieren a los conflictos con la Hacienda Pública de Estados Unidos. Además, muchos escépticos desconfían de las prácticas de auditoría aparentemente reservadas de la cienciología.

Algunas personas han acusado a la Iglesia de la Cienciología de abusos a través de la auditoría. Muchas personas cuestionan la clasificación de la cienciología como una religión debido a sus ganancias financieras a través de honorarios de auditoría que se les cobran a los miembros (ver más abajo). En los primeros días de la cienciología, la iglesia luchó para obtener el estatus de organización religiosa en Estados Unidos. Por lo tanto, se fue a Europa para buscar el mismo reconocimiento, encontrando finalmente un éxito inicial en Gran Bretaña. Además, la participación de celebridades en la cienciología parece producir desconfianza entre la sociedad en general. Recientemente, el actor Tom Cruise ha sido muy criticado por su papel en la iglesia de la cienciología.

HISTORIA

La Iglesia de la Cienciología fue fundada en 1954 por el autor de ciencia ficción L. Ron Hubbard. Su padre era un oficial naval, por lo que Hubbard tuvo la rara oportunidad de viajar a Asia en 1927. Hubbard fue muy influenciado por el pensamiento religioso oriental y fue cautivado también por las obras de Sigmund Freud. Los cienciólogos creen que estas dos experiencias influenciaron profundamente el libro *Dianética* de Hubbard, que fue publicado en mayo de 1950 y permaneció en la lista de libros más vendidos del *New York Times* durante veintiséis semanas. La motivación de Hubbard para escribir *Dianética* fue el resultado de sus observaciones mientras trabajaba en un centro médico en el extranjero durante la Segunda Guerra Mundial. Hubbard observó que el sufrimiento mental de las personas lesionadas inhibía su capacidad de recuperación y limitaba la efectividad de las intervenciones médicas. En *Dianética*, Hubbard explica sus creencias acerca de la naturaleza humana. En concreto, se describe cómo las dolorosas experiencias de vidas pasadas se almacenan en lo que él llama «la mente reactiva», y cómo estas experiencias conducen a un comportamiento irracional. Él sugiere que, para ser felices, los seres humanos deben liberar racionalmente el peso de las vidas pasadas.

CREENCIAS

La idea central de la cienciología es que los seres humanos son almas espirituales que están atrapadas dentro de sus cuerpos materiales. Las almas, llamadas «thetans», son inmortales y continúan de una vida material a la otra recolectando engramas, que son obstáculos para el alma aprisionada por la realidad física, o MEST (siglas en inglés para Materia, Energía, Espacio y Tiempo). Estos engramas se manifiestan en la vida de una persona como tristeza, duda, enojo o pensamientos negativos. El objetivo de un cienciólogo es hacerle frente a los engramas y ponerlos en libertad, permitiendo que el alma viva en un estado de liberación. Los seres humanos nacemos con la capacidad de pensar racionalmente, y esta capacidad es aprovechada y aplicada al proceso de eliminación de engramas. Las «thetans» están llenas de engramas de numerosas vidas pasadas, así como de sus vidas actuales.

A medida que la «thetan» se mueve hacia la plena liberación de sus engramas, se mueve a través de una serie de pasos llamados el puente a la libertad total, o el puente, para abreviar. Antes de la búsqueda del puente, una persona se denomina «preclara», y una vez que el puente se ha completado, la persona se convierte en un «claro» o OT (Thetan Operante). El puente solo se puede completar con la ayuda de materiales de lectura y técnicas específicas, pero a un «preclaro» se le recomienda fuertemente que tenga la asistencia de un consejero, llamado auditor. El auditor ayuda a una persona a través del puente haciéndole preguntas para la reflexión y utilizando imágenes mentales específicas para guiar al «preclaro» a reconocer sus engramas, lo cual, a su vez, los elimina. Un auditor puede usar un dispositivo llamado «E-Metro», que es una máquina eléctrica diseñada para encontrar engramas y ayudar a eliminarlos del «thetan» del «preclaro». Se cobran honorarios por una sesión de auditoría en cada etapa del Puente. Una persona puede hacer un intercambio de servicios a la iglesia por las sesiones de auditoría, y las sesiones también se pueden realizar en grupo.

En el credo de la cienciología, hay un énfasis en los conceptos de igualdad, la no violencia y lo sagrado espiritual, declarando que hay derechos innatos y e inmutables que cada ser humano posee. Además, los cienciólogos creen que la lucha mental debe ser enfrentada espiritualmente o religiosamente, no a través de la exposición al mundo secular. A una persona que opta por formar parte de la Iglesia de la Cienciología se le pedirá, en primer lugar, que entre en una etapa de purificación que liberaría todas las toxinas del cuerpo. A esto le seguiría un curso introductorio que explica las creencias básicas de la fe.

Los cienciólogos creen que la práctica de la auditoría se puede seguir conjuntamente con otras tradiciones religiosas. Además, muchos cienciólogos celebran la Navidad y la Pascua, no por la fe en Jesucristo, sino porque estos días festivos se consideran parte de la norma cultural. Los cienciólogos también tienen sus propios días de fiesta; por ejemplo, el 13 de marzo se considera como día de fiesta porque se celebra el nacimiento de L. Ron Hubbard. Muy a menudo, los fieles se reúnen en salas de reuniones y, aunque la mayor parte de la búsqueda religiosa se lleva a cabo de forma independiente, existen servicios comunales en los domingos. Las salas de reuniones suelen ser muy modernas y cuentan con varias pantallas de vídeo con las cuales los miembros y visitantes pueden interactuar. Durante los servicios, las lecturas o los vídeos de Hubbard suelen ser compartidos conjuntamente con anuncios de la comunidad.

DEMOGRAFÍA

Los centros de la cienciología (a menudo llamados «iglesias») se encuentran en todo el mundo con miembros en 165 países diferentes.

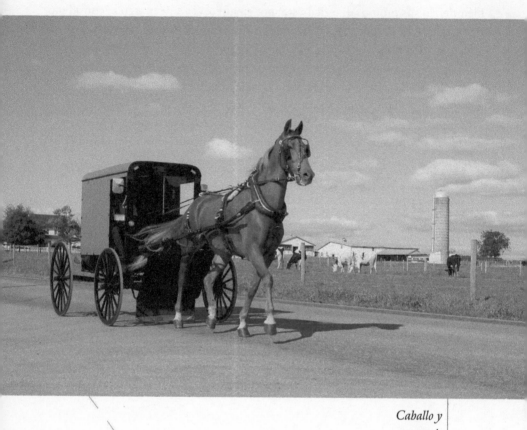

*Caballo y
carruaje
amish en
Lancaster,
Pensilvania*

Tradiciones anabaptistas

INTRODUCCIÓN

El compromiso con la no violencia es una característica unificadora de los menonitas, los amish y los cuáqueros entre los cristianos protestantes. El gobierno de Estados Unidos ha concedido a cada una de estas denominaciones la protección religiosa en tiempos de guerra obligatoria, lo cual fue evidente durante la conscripción para Vietnam, cuando los miembros de estos grupos fueron eximidos del servicio militar. En las tradiciones anabaptistas, un modo de vida pacífico permite vivir una vida simple y sin abundancia.

HISTORIA Y FUNDADORES

Los anabaptistas fueron uno de los muchos grupos protestantes que se formaron durante la Reforma Cristiana y comparten muchos puntos de vista con otras denominaciones protestantes, incluyendo el rechazo de la transubstanciación y la autoridad papal. Sin embargo, los anabaptistas tienen una creencia única en relación con el bautismo. Ellos creen que el bautismo debe ser realizado solamente en la edad adulta, cuando el individuo puede comprender la complejidad de la fe cristiana, y que el bautismo se puede realizar una y otra vez. Mientras que la mayoría de las denominaciones cristianas creen en un solo bautismo, los anabaptistas creen que los humanos son muy falibles y por lo tanto tienen necesidad de la renovación, el renacimiento y la limpieza que proporciona el bautismo.

Durante la Reforma, se formó un grupo anabaptista en Suiza bajo la dirección de Menno Simons, quien profesaba una filosofía pacífica, no violenta de la iglesia. Este grupo llegó a conocerse como los menonitas. Aunque los menonitas son a menudo considerados como una rama del cristianismo conservador, ellos comparten muchas creencias cristianas convencionales.

Dentro de la comunidad menonita en 1693, un hombre llamado Jakob Ammann consideró que la comunidad se estaba apartando de sus creencias tradicionales básicas. Como resultado de esto, él inició el movimiento amish. Todos los amish son menonitas, pero no todos los menonitas son amish. Algunas personas consideraban que los amish eran demasiados extremistas, lo que a menudo llevaba a la persecución. Esto ocasionó que los grupos amish emigraran a otras áreas, incluyendo Francia, Alemania y, finalmente, a Estados Unidos. Hoy en día, en Estados Unidos, hay comunidades amish en veintiocho estados, la mayoría de ellos localizados en el Medio Oeste.

La Sociedad Religiosa de los Amigos (también denominada el movimiento cuáquero) fue fundada en Inglaterra en 1647 por un predicador llamado George Fox. Los cuáqueros creían profundamente en el llamado cristiano a la no violencia y consideraban que cada cristiano recibiría «luz» personalmente en forma de revelaciones de Dios. Por lo tanto, en los primeros días del movimiento, los cuáqueros fueron llamados los «Hijos de la Luz». Los cuáqueros no tienen líderes en la adoración porque creen que Dios los guiará espiritualmente. Los servicios de los cuáqueros, llamados reuniones, por lo general involucran a un grupo de creyentes que se sientan en silencio juntos hasta que alguien está inspirado por Dios para hablar. Los amigos también rechazan los tradicionales sacramentos cristianos de la comunión y el bautismo, estimando que la verdadera comunión radica en la reunión de creyentes en lugar de la distribución del vino y el pan, y que solo el Espíritu Santo puede bautizar. Más tarde, los cuáqueros se establecieron en Pensilvania, con la ayuda de William Penn, que también es el fundador del estado.

CREENCIAS

Aunque estos grupos comparten el mismo sistema de creencias de la iglesia cristiana en general, también hay algunas diferencias en el estilo de vida y el culto que los separan de los demás cristianos.

Los menonitas creen profundamente en la separación de la iglesia y el estado promovida por Jesús en el Nuevo Testamento. Ellos también creen en el bautismo de adultos y en la supremacía del Nuevo Testamento. Como anabaptistas que son, evitan involucrarse demasiado en el mundo material; por lo tanto, tratan de limitar sus posesiones, pero no son tan extremistas como los amish. También creen en la paz y la no violencia, sin excepciones. No hay iglesias porque los servicios religiosos se llevan a cabo en el hogar.

El Ordnung («orden») en la comunidad de los amish define las reglas para la vida amish. Por ejemplo, el Ordnung prohíbe los juegos de azar, el uso de joyas, el uso de electricidad y tener televisores. El Ordnung también define el tipo de ropa que una persona debe usar, el tipo de coche (tirado por un caballo) que uno debe manejar y el lenguaje que uno debe hablar, que debe ser alemán o suizo. Aunque los amish viven un estilo de vida restringido, los jóvenes en las comunidades amish se someten tradicionalmente a un período llamado Rumspringa, o «disfrutar de libertad». Éste es un período de tiempo durante la adolescencia cuando el joven entra en el mundo moderno y experimenta la vida fuera de la comunidad tradicional. Idealmente, una vez que el joven ha experimentado la vida fuera de la comunidad amish, él o ella elegirán, en última instancia, a entrar de nuevo a la comunidad a través del bautismo, comprometiéndose de buena gana a una vida de simplicidad. El rechazo extrema de la modernidad es difícil, por lo que Rumspringa hace que este rechazo sea una decisión voluntaria y no una obligación automática.

Por encima de todo, uno de los compromisos más importantes del amish es el rechazo del Hochmut, que es un tipo de orgullo o autoimportancia. [El rechazo de] Hochmut va de la mano con la humildad, o Demut. Como una demostración de humildad, los amish no posan para fotografías. Los miembros de la comunidad que son atraídos por el encanto de la vida moderna o que exhiben su orgullo serán probablemente rechazados por la comunidad.

La mayoría de los amish solo asisten a la escuela formal provista por la comunidad hasta el octavo grado. En 1972, la Corte Suprema de Estados Unidos dictaminó que era inconstitucional requerir la asistencia escolar obligatoria de los amish hasta la edad de dieciséis años, que es la norma para la sociedad americana en general. Después de completar la educación formal, los jóvenes amish aprenden oficios específicos como la agricultura o la carpintería, que son las habilidades que contribuyen activamente a la supervivencia dentro de la comunidad.

Debido a que el estilo de vida amish es completamente voluntario, el rechazo de la comunidad de la educación tradicional y las comodidades modernas son formas de establecer activamente ciertos límites para sí misma. Sin embargo, el Ordnung tiene algunas excepciones razonables, basadas en la necesidad. Por ejemplo, algunas personas pueden tener teléfonos, aunque los usen en raras ocasiones, o una persona puede viajar en automóvil para visitar un familiar lejano o para asistir a una cita médica en la ciudad.

A diferencia de los amish, que tienen muchas reglas que rigen la comunidad, los cuáqueros no tienen una doctrina central; por lo tanto, los que no son miembros de la comunidad pudieran pensar que ellos no tienen ningunas creencias específicas. Sin embargo, como existe un gran énfasis en la relación personal con Dios, es difícil aplicar un solo credo a todos los Amigos y, como resultado de esto, las creencias específicas de cada persona son únicas. A pesar de este hecho, hay algunas características unificadoras de los cuáqueros, como la dedicación a la no violencia y la atención a la experiencia religiosa individual.

DEMOGRAFÍA

Los menonitas, los amish y los cuáqueros se encuentran principalmente en Estados Unidos. Sin embargo, estos grupos están presentes en todo el mundo. Hay aproximadamente 350,000 cuáqueros en todo el mundo. Hay un millón de amish en América del Norte, cerca de 250,000 de los cuales se encuentran en Pensilvania. Los menonitas existen en pequeños grupos en todo el mundo y son un total de alrededor de 1.5 millones.

NACIÓN DEL ISLAM

INTRODUCCIÓN

La Nación del Islam (NOI, por sus siglas en inglés) es una secta religiosa separatista, fundada en Estados Unidos en la década de 1930, cuyos seguidores son principalmente de ascendencia afroamericana. Aunque la Nación del Islam tiene muchas similitudes con el islam ortodoxo, como la creencia en un Dios y la autoridad del profeta Mahoma, la Nación del Islam también tiene creencias particulares que la han puesto en conflicto con el islam en general. Hoy en día, la Nación del Islam está bajo la dirección del Honorable Ministro Louis Farrakhan y tiene cerca de 30,000 miembros, además de miles de simpatizantes adicionales.

HISTORIA

La Nación del Islam comenzó en Detroit, Michigan, bajo el liderazgo de Wallace Ford, más conocido ahora como Wallace Fard Muhammad. Aunque los detalles específicos de su vida son poco conocidos, se estima que Fard creía ser el Mahdi, el mesías islámico que muchos anticipaban. La misión de Fard era educar a los afroamericanos acerca de la naturaleza de sus opresores de la raza blanca. Fard desapareció en 1934, pero ya había designado como sucesor a un mensajero llamado Elijah Poole, conocido más tarde como Elijah Muhammad, que fue líder de la Nación del Islam por los siguientes 40 años. Elijah Muhammad promovía la idea de que Fard era Dios en la tierra, el profeta final que era también una manifestación de Alá. Esto es una desviación significativa del islam tradicional en el cual se cree que los profetas son totalmente humanos y que Mahoma es declarado como el «sello de los profetas»; lo cual significa que no vendrán otros profetas más tarde.

En su libro *Yakub: The Father of Mankind* [Yakub: El Padre de la Humanidad], Elijah Muhammad escribió que la gente de la raza negra era la Gente Original y que ellos vivían en paz hasta la llegada de la gente de raza blanca. Él escribió además que los miembros de la raza blanca fueron creados hace 6,000 años mediante un proceso llamado «injerto», que los hizo débiles y con huesos frágiles. Estas personas blancas eran más débiles que la Gente Original en todos los sentidos pero pudieron engañar a las personas negras y eventualmente esclavizarlas y oprimirlas, una condición que persiste hasta el día de hoy. Elijah Muhammad creía que en el futuro esta desigualdad será corregida pero que, hasta ese entonces, los problemas de los afroamericanos no se pueden resolver mediante la integración. En su lugar, la solución es la separación de los negros de la cultura y la religión dominantes de los blancos conjuntamente con la creación de un estado o territorio completamente distinto. Además, la Nación del Islam prohíbe el matrimonio entre las personas negras y las blancas. Tanto la separación como la endogamia no son aceptadas por los musulmanes ortodoxos.

Malcolm Little, más conocido como Malcolm X, fue uno de los muchos que escucharon las enseñanzas de Elijah Muhammad y se convirtieron en seguidores de la Nación del Islam en la década de 1950. Al igual que Muhammad Ali, Malcolm X fue uno de los conversos más conocidos durante ese período de tiempo. Después de descubrir las creencias de la Nación del Islam cuando estaba en la prisión, Malcolm X se convirtió en el líder de uno de los templos más importantes de Nueva York. Durante la década siguiente, se hizo de muchos seguidores por su encendida predicación y su retórica separatista. Eventualmente, él renunció a las enseñanzas de Elijah Muhammad, uniéndose en su lugar a la tradicional secta suní del islam. Poco tiempo después, él fue asesinado por miembros de la Nación del Islam.

El líder actual, Louis Farrakhan, reformó la Nación del Islam pocos años después de la muerte de Elijah Muhammad (1897–1975). El hijo de Muhammad, Warith Deen Mohammed, había sido designado como líder de la organización al momento de la muerte de su padre. Él cambió el nombre de la organización a «World Community of al-Islam in the West» [la Comunidad Mundial de al-Islam en el Occidente] y trató de alinear las enseñanzas del grupo con las tradicionales creencias suníes. En respuesta a estos cambios, Farrakhan, que había sido un aliado cercano de Elijah Muhammad desde la década de 1950, dejó la organización y fundó un nuevo grupo que llevó el nombre de Nación del Islam. Desde ese tiempo, Farrakhan ha sido el líder principal y portavoz de la organización.

El liderazgo de Farrakhan en la Nación del Islam reformada ha sido marcado por la controversia, especialmente en relación con otras comunidades minoritarias. La «Anti-Defamation League» [Liga en contra de la difamación, CEL], una organización que vigila las actividades antisemitas, ha acusado a Farrakhan de «diseminar [un] mensaje de odio» al demonizar de manera rutinaria a los judíos y culpándolos por los problemas de los afroamericanos a través de la historia, especialmente en relación con las condiciones económicas en Estados Unidos. La CEL mantiene una lista de algunos de los comentarios inflamatorios de Farrakhan. Él también ha comentado en múltiples ocasiones que los judíos no pueden proclamar a Israel como su patria, sino que los judíos son «usurpadores [y] ladrones de tierras». Otra organización defensora de los derechos civiles, el «Southern Poverty Law Center» [el Centro Legal para Sureños Pobres], ha descrito a Farrakhan como antisemita y homófobo. La mayoría de los musulmanes ortodoxos del mundo consideran que la actitud discriminatoria de Farrakhan no es aceptable.

A pesar de estas controversias, Farrakhan ha tenido algunos éxitos que han gozado de amplia publicidad durante su gestión. El más conocido fue la Marcha del millón de hombres en 1995, en la cual él animaba a los hombres afroamericanos para que se superaran y trabajaran en las relaciones familiares, en un esfuerzo por superar los prejuicios y la opresión de costumbre. La cantidad de personas en la multitud es desconocida, pero los estimados varían entre 400,000 y casi 2 millones (el número más alto proviene del sitio web de la Nación del Islam). Hasta los oponentes están de acuerdo en que la marcha fue un evento exitoso, pacífico y bien organizado. Farrakhan también organizó exitosamente la Marcha del millón de familias en Washington en el año 2000 y la reapertura de la mezquita principal en Chicago como un centro educativo en el año 2008.

Los puntos de vista religiosos, políticos y raciales que Farrakhan expresa a viva voz le han hecho una figura controversial pero aparentemente inmovible hasta años recientes. Episodios repetidos de cáncer de la próstata, al igual que extensas cirugías abdominales, han causado preocupaciones entre sus seguidores de que le quede poco tiempo. La identidad de su futuro sucesor no está clara, ni tampoco lo está el futuro de esta secta cuya membresía ha estado decreciendo desde la década de 1960.

LECTURAS ADICIONALES

Anti-Defamation League. «Farrakhan in His Own Words». http://www.adl.org/special_reports/farrakhan_own_words2/farrakhan_own_words.asp.

Marsh, Clifton. *The Lost-Found Nation of Islam in America*. Lanham, MD: Scarecrow Press, 2000.

Muhammad, Elijah. *History of the Nation of Islam*. Phoenix: Secretarius MEMPS Publications, 1996.

Nation of Islam, «Bio Sketch of the Honorable Louis Farrakhan». http://www.noi.org/about_the_honorable_louis_farrakhan.shtml.

Southern Poverty Law Center. «Louis Farrakhan». http://www.splcenter.org/get-informed/intelligence-files/profiles/louis-farrakhan.

TESTIGOS DE JEHOVÁ

INTRODUCCIÓN

Los Testigos de Jehová toman su nombre del nombre hebreo de Dios YHWH, que muchas personas pronuncian «Jehová». Los miembros creen que su propósito es ser testigos del reino de Dios aquí en la tierra. Su principal objetivo es compartir la verdad del reino con la mayor cantidad de personas posible antes del fin de los tiempos.

HISTORIA

Los Testigos de Jehová surgieron del protestantismo cristiano, pero sus miembros no consideran que ellos sean protestantes. Charles Taze Russell, el fundador del movimiento de los Testigos de Jehová, tenía ideas que diferían de las doctrinas cristianas tradicionales y él compartía estas ideas con un pequeño grupo de estudiantes bíblicos independientes. Durante varios años, el grupo se reunía y compartía las creencias de Russell con otras personas de la misma manera que lo hacen los Testigos hoy, yendo de puerta en puerta. En 1879, se publicó la primera edición de la *Atalaya* siendo Russell el editor principal. Originalmente, este grupo se denominó Estudiantes Bíblicos porque Russell creía que cada persona debería leer las Escrituras e interpretarlas. Russell siguió escribiendo sobre sus creencias, incluyendo el reino de Dios en la tierra, que él creía se desarrollaría pronto.

Después de la muerte de Russell en 1916, hubo controversia sobre quién se convertiría en el nuevo líder de la iglesia. A pesar de este conflicto, Joseph Franklin Rutherford fue elegido como el siguiente presidente. Él cambió oficialmente el nombre de la iglesia a Testigos de Jehová en 1931. Después de la muerte de Rutherford en 1942, Nathan Knorr se convirtió en el siguiente presidente. Knorr comisionó oficialmente la Traducción del Nuevo Mundo de la Biblia, que es la traducción usada por todos los Testigos de Jehová en el día de hoy. En lugar de referirse a los textos como el Antiguo y el Nuevo Testamentos, los Testigos de Jehová se refieren a ellos como la Escrituras hebreas y griegas. Algunos críticos alegan que la Traducción del Nuevo Mundo ha sido sesgada intencionadamente para apoyar las creencias y prácticas únicas de los Testigos de Jehová.

Desde 1970, la iglesia no ha sido administrada por un presidente sino por un comité. Un grupo de diez hombres presta servicio en el comité llamado

Cuerpo Gubernamental de manera rotativa. No se permite que las mujeres presten servicio en el comité.

CREENCIAS

Los Testigos de Jehová son mejor conocidos por su enfoque en la evangelización. Millones de Testigos van de puerta en puerta repartiendo literatura y propagando su manera de entender el mundo. Los Testigos de Jehová creen que el fin de los tiempos está cerca y que muy pronto Dios va a reclamar el mundo para establecer el reino de Dios. Ellos creen que Dios es el único creador del mundo, pero que el mundo está bajo la influencia directa de Satanás. Los Testigos no creen que Jesucristo regresará en forma física, sino que, en su lugar, el espíritu de Jesús regresará. Una vez que el mundo se convierta en el reino de Dios después del regreso de Cristo, la vida se transformará en algo ideal.

Una diferencia entre los Testigos de Jehová y la mayoría de los cristianos es que los Testigos de Jehová rechazan la Trinidad. Los Testigos de Jehová creen que Jesús fue el obediente y humano hijo de Dios, no una divina encarnación. Jesús fue usado como un sacrificio por la humanidad pero fue asesinado sobre una estaca, no sobre una cruz. Como los Testigos de Jehová no creen que Jesús era divino, esto significa que Dios no murió por los pecados de la humanidad. Además, los Testigos creen que la inmortalidad del alma humana no es incondicional, sino que más bien la resurrección del alma humana está condicionada a la aceptación del regalo de Dios en Jesús para la humanidad. Entonces, al final de los tiempos, todas las almas serán resucitadas. Las almas de los que acepten a Dios serán devueltas a sus cuerpos físicos para vivir en el paraíso aquí en la tierra. Los que no acepten a Jesús dejarán de existir porque los Testigos de Jehová no creen en el infierno; en su lugar, ellos creen que esas personas, simplemente, no tendrán vida en el más allá en absoluto. Además, solo 144,000 serán aceptados en el cielo para ayudar a Dios en el gobierno de todo el paraíso terrenal. La mayoría de los Testigos tienen la esperanza de quedarse en la tierra.

Los Testigos rechazan todas las celebraciones, incluyendo la Navidad, la Pascua y los cumpleaños debido a su conexión histórica con el paganismo. También el bautismo cristiano tradicional por aspersión de agua. En su lugar, el bautismo siempre se realiza por inmersión total y simboliza la dedicación de una persona a la fe. El bautismo no quita los pecados previos ni provee limpieza espiritual. Además, no hay pastores o sacerdotes ordenados entre los Testigos de Jehová; en su lugar, hay ancianos designados dentro de cada congregación que asumen los papeles de liderazgo. Los Testigos también se abstienen del servicio militar, no juran lealtad a la bandera y no reciben transfusiones de sangre, indicando que existen escrituras bíblicas que prohíben directamente estas prácticas. Los Testigos creen que no se debe prometer lealtad a ningún país, sino que la lealtad debe reservarse para el reino de Dios.

El culto se realiza durante reuniones semanales en los Salones del Reino. No existe el diezmo entre los Testigos de Jehová. Todas las donaciones son voluntarias y a menudo anónimas.

DEMOGRAFÍA

Hay unos siete millones de Testigos de Jehová en todo el mundo, y ese número está creciendo rápidamente. En Estados Unidos, el siete por ciento de la población se identifica como Testigos de Jehová; lo cual sobrepasa los de cualquier otro país. De los que crecen dentro de la tradición, solo el treinta y siete por ciento siguen siendo Testigos de Jehová cuando son adultos.

HARE KRISHNA

INTRODUCCIÓN

La Sociedad Internacional para la Conciencia de Krishna (ISKCON) comenzó en Estados Unidos en 1966. La mayoría conocen el movimiento por el nombre de Hare Krishna. El principal texto sagrado de ISKCON es el Bhagavad Gita, que se centra en la deidad Krishna. El movimiento Hare Krishna se deriva de una rama especializada del hinduismo, así que hay muchos conceptos compartidos entre ISKCON y el hinduismo tradicional (ver el capítulo sobre el hinduismo para una descripción).

HISTORIA

Abhay Charan De, nació en Calcuta, India, donde se graduó de la universidad, comenzó una familia, y fue propietario de un pequeño negocio durante la primera parte de su vida. Luego, en 1950, optó por dejar a su familia atrás y se convirtió en un renunciante, dedicándose a escribir comentarios de las escrituras. En 1966, ahora conocido por el nombre de Abhay Charanaravinda Bhaktivedanta Swami Prabhupada, viajó a la ciudad de Nueva York como misionero. Deseoso de difundir las creencias indias tradicionales a lo que él percibe como un mundo occidental en bancarrota espiritual, Prabhupada encontró una audiencia receptiva entre los discriminados hippies, quienes estaban buscando la verdad en maneras poco convencionales. En este contexto, Prabhupada fundó la Sociedad Internacional para la Conciencia de Krishna.

CREENCIAS

A pesar que algunas de sus creencias son similares a los del hinduismo, también hay muchas diferencias. Los hare krishnas principalmente adoran a Krishna, y lo ven como la «divinidad suprema», de quien emana todo lo demás. Por esta razón, los hare krishnas se describen como monoteístas. El nombre Hare Krishna proviene del canto común: «Hare Krishna, Hare Krishna, Krishna Krishna, Hare Hare». Hare literalmente significa «alabanza», y los hare krishnas creen que el acto de entonar el nombre de Krishna, lo llama a una presencia física entre los cantores. Por lo tanto, entonar frecuentemente el nombre de Krishna lo invita a entrar al mundo para bendecir a todos los que escuchan. Los hare krishna también pueden entonar el nombre de Radha, la esposa de Krishna. Honrando el equivalente femenino de Krishna es una afirmación de la interdependencia entre hombres y mujeres. Los hare krishnas rechazan abiertamente las desigualdades sociales basadas en casta, clase y género.

Tal vez una de las mayores diferencias entre los hindúes y los hare krishnas es su postura sobre evangelismo. Para la mayoría de hindúes, la religión es parte de su vida y cultura desde su nacimiento; uno nace dentro del hinduismo, no es algo que uno elige. En consecuencia, no existe tal cosa como conversión al hinduismo, y la mayoría de los hindúes no están buscando nuevos creyentes. Los hare krishnas, por el contrario, creen firmemente en compartir y difundir las verdades espirituales de Krishna. Muchas personas están familiarizadas con la presencia de los hare krishnas en lugares públicos, repartiendo literatura a los transeúntes y propagando sus creencias. Los hare krishnas también son conocidos por su caridad, frecuentemente abriendo las puertas del templo y ofreciendo comida gratuita a la comunidad como un medio de propagación de su fe.

Al igual que muchos hindúes, la mayoría de los hare krishna son vegetarianos. Los hare krishnas creen en sumisión al dharma (obligación moral y religiosa), el cual incluye evitar productos tóxicos, rechazar relaciones sexuales inapropiadas, y la práctica de la no violencia. Muchos hombres se afeitan la cabeza, dejando solo un mechón de pelo en la parte posterior de la cabeza. El afeitarse la cabeza es una señal tradicional de renuncia en la India, por lo que esta práctica también es parte del budismo y otras formas de hinduismo. Sin embargo, solo los hare krishnas se dejan el mechón de pelo en la cabeza, mostrando así su compromiso con Krishna.

DEMOGRAFÍA

Aunque con sede en San Francisco, California, hay hare krishnas en todo el mundo. De acuerdo al registro oficial de ISKCON, hay aproximadamente 250,000 miembros en todo el mundo. El movimiento de la Sociedad Internacional de la Conciencia de Krishna disfrutó de mayor popularidad cuando Prabhupada estaba todavía vivo (1966–1977). Sin embargo, aun sigue ganando nuevos conversos. En los últimos años, ISKCON ha atraído a un creciente número de devotos de la India, la mayoría de los cuales se convierten del hinduismo tradicional. Muchos de estos conversos ven el rechazo de ISKCON de las diferencias de castas, la promoción para la igualdad de género y creencias monoteístas como más compatibles con el mundo moderno.

TRADICIONES SINGULARMENTE ESTADOUNIDENSES COMPARADAS CON EL CRISTIANISMO

	NATURALEZA DE DIOS	NATURALEZA DE LA HUMANIDAD	NATURALEZA DEL UNIVERSO	NATURALEZA DE LA RELIGIÓN	FUNDADORES Y TEXTOS
CRISTIANISMO	Un solo creador-Dios en tres personas: Padre, Hijo y Espíritu Santo. Dios es personal, tiene interacción con la humanidad, es todo conocedor y todo poderoso.	Dios permite a los humanos una voluntad libre para escoger entre lo bueno y lo malo. No obstante, son inherentemente pecaminosos y son incapaces de lograr la salvación por sus propios medios. En última instancia, la salvación solo viene por medio de Dios.	Este mundo es pasajero. Estamos participando en una guerra entre el bien y el mal. Algún día Dios juzgará a toda la gente al final del tiempo, que ocasionará la venida largamente esperada del «Reino de Dios».	A través de creer en Jesucristo, los humanos son salvados del pecado y tendrán vida eterna después de la muerte. Porque Jesús es el supremo sacrificio para expiar los pecados de la humanidad, el cristianismo es el único camino a la salvación.	Los fundadores fueron seguidores de Jesús de Nazarét, nacido en algún momento entre el 7 A.E.C. y el 1 E.C. Los textos incluyen la Biblia (incluyendo el Antiguo y Nuevo Testamentos) y para algunos cristianos los libros apócrifos.
MORMONISMO	Las tres personas de la trinidad son entidades separadas, con el Padre e Hijo teniendo cuerpos materiales y el espíritu Santo con un cuerpo espiritual. Otros dioses existen a quienes los mormones no adoran al lado de la Divinidad.	Las almas humanas son eternales, no creadas. Rechazando la noción del pecado original, los mormones creen que las personas son capaces de conseguir la perfección y conseguir estatus divino, que es denominado alcanzar la exaltación.	El universo es eterno, no teniendo ni principio ni fin. Jesús creó al mundo, pero solo organizó la materia preexistente. Los mormones también esperen un juicio final, cuando Dios enviará a las personas a uno de cuatro reinos, basado en sus acciones durante y después de la vida.	Los mormones creen que los primeros cristianos corrompieron la verdad del mensaje de Jesús, y Joseph Smith reintegró esta verdad. Las personas todavía tienen la oportunidad de recibir y aceptar este mensaje aún después de la muerte.	Joseph Smith fundó el movimiento de los Santos de los Últimos Días en los 1800, cuando recibió la revelación del libro del mormón, considerado ser divinamente inspirado a lado del Antiguo Testamento y el Nuevo Testamento.

TRADICIONES SINGULARMENTE ESTADOUNIDENSES COMPARADAS CON EL CRISTIANISMO, CONTINUADA

	NATURALEZA DE DIOS	NATURALEZA DE LA HUMANIDAD	NATURALEZA DEL UNIVERSO	NATURALEZA DE LA RELIGIÓN	FUNDADORES Y TEXTOS
UNITARISMO	Un Dios unificado, no trino en su naturaleza. Aunque la mayoría de los universalistas unitarios son monoteístas, las perspectivas individuales en cuanto a la naturaleza de Dios varían dentro de la tradición.	Todos los humanos merecen ser respetados y deben ser tratados de acorde con esto, y deben actuar con libertad y responsabilidad.	Un principio rector es «el respeto de la red interdependiente de la existencia, de la cual todos formamos parte». Aunque cada persona tiene su punto de vista único, la mayoría de los UUs valoran el vivir en armonía con el mundo natural.	Los unitarios rechazan la idea de verdad absoluta y aceptan la validez de muchas tradiciones religiosas, incluyendo las tradiciones no cristianas. Cada individuo participa en una búsqueda de su propia verdad.	Los unitarios y universalistas se fusionaron para formar el universalismo unitario en 1961. Los dos movimientos originales tienen raíces en la Europa del siglo XVI. Los textos sagrados de muchas tradiciones son respetados, incluyendo la Biblia.
CIENCIOLOGÍA	La cienciología afirma la existencia de un Ser supremo, aunque su naturaleza queda en gran parte sin definirse.	Las personas almacenen experiencias negativas de sus vidas presentes y pasadas, (tanto sobre la tierra, como en otras planetas), llevándolas hacia una conducta irracional. Entonces, tienen que de una forma racional liberar este equipaje para encontrar la felicidad.	El mundo físico es producto de la conciencia humana y no tiene realidad aparte de nuestra experiencia en él. Con el tiempo las personas se han olvidado la verdadera naturaleza espiritual del universo, confundiendo el mundo material por la realidad.	La cienciología proviene una serie organizada de pasos para librar obstrucciones de almas individuales, llamados thetanes, a través de un proceso llamado el Puente a la libertad total.	El autor de ciencia ficción L. Ron Hubbard fundó la cienciología en 1954. El texto cienciólogo más famoso es La Dianética de Hubbard.

NATURALEZA DE DIOS	NATURALEZA DE LA HUMANIDAD	NATURALEZA DEL UNIVERSO	NATURALEZA DE LA RELIGIÓN	FUNDADORES Y TEXTOS
Como protestantes cristianos, estos grupos también creen en un Dios, omnisciente, omnipotente, y creador, al lado del Hijo y el Espíritu Santo.	Las personas deben ser responsables de su propio bienestar espiritual. Entonces, el bautismo no debe llevarse a cabo hasta que la persona pueda confesar su propia fe.	El mundo material distrae del enfoque espiritual; entonces la interacción con él debe ser limitada.	Los seres humanos son altamente falibles, y como tal, necesitan la limpieza repetida y el renuevo del bautismo.	El movimiento anabaptista original tiene raíces en la Europa del siglo XVI.
El NOI comparta con los demás musulmanes la creencia en un Dios, supremo, o Alá.	Las diferencias raciales entre negros y blancos tienen orígenes en el tiempo de la creación. Las personas negras son la gente original y son superiores, y por lo tanto deben mantenerse separados.	Siendo que Alá creó la gente negra, la gente blanca fue creada científicamente en un laboratorio negro hace 6,000 años.	Además de seguir los cinco pilares del islam, los adherentes NOI también subscriben al separatismo negro. Por lo tanto, la religión es una fuente para la potenciación de raza y de política, yendo más allá del dominio espiritual en sí.	La NOI fue fundada en 1930 por Wallace Fard Muhammad, quien se cree ser el Mahdi, una figura mesiánica en el islam. El Corán es el texto mas sagrado.

ANABAPTISTAS (AMISH/MENONITA/CUÁQUEROS)   NACIÓN DEL ISLAM (NOI)

TRADICIONES SINGULARMENTE ESTADOUNIDENSES COMPARADAS CON EL CRISTIANISMO, CONTINUADA

	NATURALEZA DE DIOS	NATURALEZA DE LA HUMANIDAD	NATURALEZA DEL UNIVERSO	NATURALEZA DE LA RELIGIÓN	FUNDADORES Y TEXTOS
TESTIGOS DE JEHOVÁ	Un Dios-creador verdadero, denominado Jehová. Los testigos rechazan la Trinidad y en lugar de eso consideren que Jehová es una deidad, singular unificada.	Los seres humanos deben aspirar obedecer y glorificar a Jehová en todas las cosas. A través del evangelismo y el vivir moralmente, las personas pueden luchar para merecer un lugar en el reino de Dios. Solo 144,000 personas irán al cielo; los demás de los justos vivirán en un paraíso terrenal al fin de los tiempos.	Aunque Jehová creó al universo, el mundo está bajo el dominio de Satanás. Un día toda humanidad será resucitada, juzgada, y puestos a prueba de nuevo durante otros mil años. Después, Jehová reinará sobre un paraíso nuevo y restaurado en la tierra.	A diferencia de los cristianos convencionales, Los Testigos rechazan la divinidad de Jesús. Ven a Jesús como la creación primera de Dios. La meta de la religión es mostrar a la gente el camino al paraíso final, eternal –pero no en el más allá, pero en el mundo presente después del Armagedón.	Charles Taze Russell fundó el movimiento de los Testigos de Jehová en los 1870. Aunque la Biblia cristiana es su texto sagrado, los Testigos de Jehová tienen su propia traducción singular denominado La Traducción del Nuevo Mundo.
HARE KRISHNA (ISKCON)	El dios hindú krishna es la «deidad suprema» en ISKCON. Krishna se relaciona con sus devotos a través de relaciones amables familiares: padre-hijo, marido-mujer, amigo-amigo.	Los humanos son seres espirituales quienes ocupen temporalmente en sus cuerpos físicos a través de vidas repetidas. Las personas necesitan trabajar para superar los obstáculos materiales para que puedan unirse espiritualmente con Krishna.	Krishna creó al universo y todos los seres vivientes de su propia esencia divina. Por lo tanto, todas las cosas son un reflejo de Krishna, aunque imperfecto.	A través de la devoción hacia Krishna, que incluye servicio y la meditación, la gente puede lograr la libertad espiritual. El ciclo de la reencarnación terminará y el devoto se reunirá al final con Krishna para vivir con él por toda la eternidad.	Prabhupada trajo su mensaje desde la India a Estados Unidos en 1965. El Bhagavad Gita y el Bhagavata Purana son los textos más venerados en ISKCON, aunque también hay muchos otros textos suplementarios

CREENCIAS Y RELIGIONES BASADAS EN LA CULTURA POP

VAMPIRISMO

INTRODUCCIÓN

El vampirismo es un nuevo movimiento religioso de empoderamiento personal cuyos practicantes tratan de aumentar su poder espiritual, cósmico, por «alimentarse» de la energía vital de otras personas o animales. Algunos vampiros creen que esta energía se encuentra únicamente en la sangre u otros fluidos, y son generalmente conocidos como vampiros sanguinarios o pránicos. Otros creen que esta fuerza vital también puede ser absorbida a través de diversos tipos de fuertes intercambios emocionales como el amor, la seducción o la intimidación. Éstos son más comúnmente llamados vampiros psíquicos.

HISTORIA

Al igual que con otras religiones nuevas, el vampirismo a menudo se difunde a través de la Internet, salas de chat, Facebook y sitios web. Estos centros de organizadores del vampirismo son independientes y controlados localmente, haciendo aun más difícil de definir categóricamente al vampirismo. Muchos sitios web de vampiros usan fondos negros, obras de arte gótico, y tienen gráficos de sangre chorreando. Además, al igual que los sitios, muchos de los que participan en la subcultura de vampiros abrazan estereotipos culturales adquiriendo colmillos o vistiendo en corsés, capas o totalmente de negro.

Sin embargo, a pesar de estas apariciones estereotipadas, los sitios web que promueven la subcultura de vampiros son vehementes que los «auténticos» vampiros no se parecen a las criaturas de televisión, libros y películas. Según www.drinkdeeplyanddream.com, los vampiros son los vecinos a lado, no asesinos nocturnos. Las asociaciones de vampiros generalmente afirman que no son ni violentos ni maléficos, y muchos grupos locales, a menudo llamadas cofradías, han establecido códigos morales para el intercambio de sangre o energía psíquica para que no causen daño (ver Rose). Entre los pocos casos en que los delincuentes afirmaron ser vampiros, parecen que usan el vampirismo como una excusa para el comportamiento ilegal (ver Glynn).

CREENCIAS

La estructura de creencia en la subcultura de vampiros es muy diversa, y ninguna jerarquía religiosa establece dogmas o prácticas para todos los creyentes.

Es difícil generalizar acerca de las creencias de los vampiros, su visión del mundo, moralidad o filosofía, ya que algunos practicantes también pretenden ser parte de otras tradiciones religiosas como el cristianismo, el neopaganismo, religiones antiguas (como la grecorromana, egipcia, sumeria), el ocultismo, wicca o islam. El sincretismo, la combinación de diferentes tradiciones religiosas, es común, y muchos vampiros son explícitamente sincretistas en la descripción de sus tradiciones y prácticas.

La Iglesia del Vampiro ejemplifica el pluralismo y el enfoque no jerárquico de la religión (www.vampire-church.com). Esta organización afirma tener casi 1,700 miembros y no reclama afiliación a ningún grupo religioso. Sin embargo, emplean términos religiosos. Por ejemplo, el objeto de alimentación del vampiro se llama *chi*, una descripción de la fuerza sobrenatural de vida en la religión tradicional china. Un colaborador del sitio web de la Iglesia del Vampiro señala que los seres humanos tienen un «aura», un concepto extraído de las religiones de la nueva era. Otros temas en el sitio web incluyen la magia, del neopaganismo, y nephilim, que tiene sus raíces en el judaísmo. Además, en el nombre del grupo mismo, se emplea el concepto cristiano de una iglesia como reunión para los creyentes. Sin embargo, a pesar de estos elementos religiosos, el autor sigue afirmando repetidamente que el vampirismo no es una religión en absoluto.

El Templo del Vampiro, otro sitio web, es más explícitamente religioso, pero todavía se basa en diversas tradiciones religiosas (www.vampiretemple. com). Por ejemplo, el credo del vampiro niega la idea monoteísta de Dios en las religiones abrahámicas, pero también afirma: Yo «[el individuo] soy el único Dios existente». Otra aparente contradicción es la profesada creencia del Templo del Vampiro en el racionalismo, así como la existencia de la magia. Los vampiros que usan este sitio web pueden poner en práctica enseñanzas básicas de la religión a través de *La biblia del vampiro* y sus interpretaciones, llamadas revelaciones, convirtiéndose en un practicante conocido como un vampiro nocturno.

DATOS DEMOGRÁFICOS

Los vampiros tienen algunos rituales o creencias claves en común; también tienen diferencias, pertenecen a un lugar, son independientes, y con tendencia a cambiar. Sin embargo, esto no significa que estas comunidades «verdaderas» de vampiros no sean religiosas, sino que son muy diferentes clases de religión de lo que inicialmente podríamos reconocer. Como tal, es difícil saber con exactitud cuántas personas identifican al vampirismo como su religión.

LECTURAS ADICIONALES

Glynn, Casey. «Fla. Murder Suspect Claims She's Part Vampire, Part Werewolf». http://www.cbsnews.com/8301-504083_162-20112703-504083.html (14 septiembre 2011).

Crewdson, Michael y Margaret Mittlebach. «To Die For: Painting the Town Red, and the Capes and Nails Black». *New York Times* (24 noviembre 2000).

Rose, Lisa. «N. J. Vampire Subculture Thrives on Blood, Rituals, Fangs». *The New Jersey Star-Ledger* (15 octubre 2009).

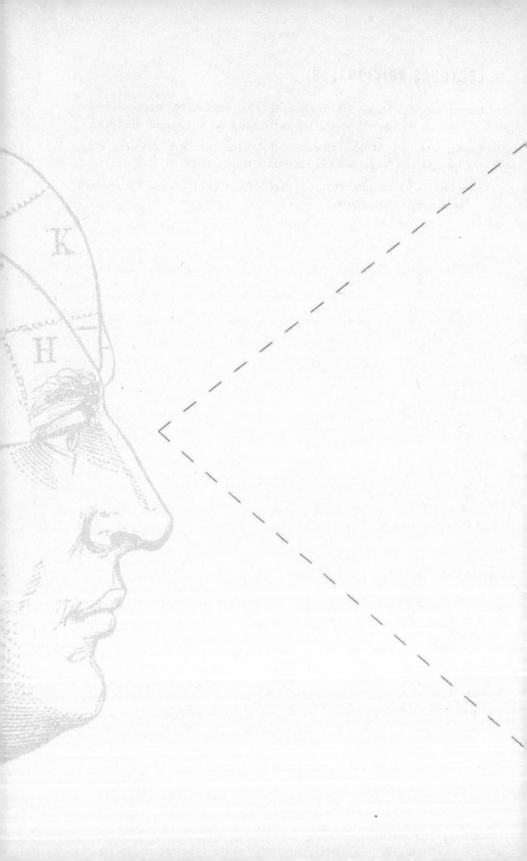

JEDIÍSMO

INTRODUCCIÓN

El jediísmo es un movimiento religioso formado recientemente con principios del Jedi practicado en las películas de *La guerra de las galaxias*. Refiriéndose a sí mismos como aprendices del Jedi, caballeros, aprendices y practicantes creen que una fuerza omnipresente e impersonal gobierna el universo. Los Jedis pueden conectarse entre sí a través de los sitios web y en discusiones en la Internet, aunque también se reúnen en convenciones para conectarse con otros Jedis. En ciertos lugares alejados, si hay suficientes practicantes en estrecha proximidad, los Jedis pueden formar comunidades y conducir rituales exclusivos para cada grupo.

HISTORIA

Mientras que los Jedis, en general, evitan jerarquías y valoran la autonomía, recientemente han brotado varios grandes centros independientes de la religión del Jedi. En Texas, el Templo de la Orden Jedi fue fundado en 2005 por John Henry Phelan, llamado hermano Juan, y ha estado a la vanguardia de organizar y articular las creencias del Jedi en Estados Unidos. Con la colaboración de la organización en Internet religioustolerance.org los Jedis de este templo desarrollaron una norma clave de principios morales fundamentales para su comunidad, así como condiciones para afiliación y promoción. En Nueva Zelanda, la iglesia Jedi ha desarrollado y difundido una declaración de creencia similar, aunque sus normas de participación son mínimos en comparación con el Templo de la Orden Jedi. El sitio web de la iglesia Jedi dice: «Es fácil unirse a la iglesia Jedi, ¡mira dentro de ti mismo, y sienta la fuerza!». Estas dos organizaciones del Jedi y otros como ellos usan sitios de mensajes en la Internet para llevar a cabo su culto y educación, y también para conectar los profesantes unos con otros. También han usado la Internet para organizar campañas masivas de censo en los últimos diez años.

CREENCIAS

Los preceptos principales del código de los Jedi son por diseño sincretista. Esto significa que combinan creencias e ideas de muchas religiones conocidas. Los Jedis se apresuran para afirmar que, si bien sus creencias religiosas reflejan los principios de las películas de *La guerra de las galaxias*, no están simplemente jugando un rol de las películas, sino que los practicantes están comprometidos a vivir de día a día «en contacto con la fuerza de vida que fluye a través y alrededor de ellos» (http://www.templeofthejediorder.org/home/doctrine). Además, los Jedi creen que el poder de la fuerza ha estado presente en las vidas de figuras históricas reales, a quienes refieren como maestros Jedi, incluyendo a Lao Tse, Jesús, Buda, San Francisco de Asís y Gandhi, quienes compartían un mismo compromiso de paz y visión (ver www.templeofthejediorder.org/home/doctrine). Un Jedi intenta aprender de estos diversos maestros y trata de vivir de acuerdo a los principios del código Jedi (http://www.jediism.org/generic0.html), lo cual es una combinación de creencias de muchas religiones establecidas como el taoísmo, el cristianismo, el budismo y el sintoísmo.

DEMOGRAFÍA

La religión Jedi fue fuente de controversia durante recientes censos nacionales en Inglaterra y Nueva Zelanda. En cada uno de estos países, se llevó a cabo una campaña por medio de la Internet para animar a los ciudadanos listar su religión como «Jedi» o «Caballero Jedi». En Inglaterra, durante el censo de 2001, unos 390,000 residentes identifican al jediísmo como su religión. Asimismo, en Nueva Zelanda, el jediísmo fue catalogado como la religión de elección por 53,000 personas en el censo de 2001, y una campaña también está en marcha para el censo del 2011. Defensores de la iglesia Jedi en Nueva Zelanda están promoviendo sus esfuerzos como una protesta a favor de la libertad religiosa, señalando: «Recuerda que en un país libre... tienes la libertad de decidir cuál es tu religión, y nadie tiene derecho a quitarte esa libertad civil por clasificar tu religión como algo más que la respuesta legible que tú le has proporcionando» (http://www.jedichurch.org/census2011). Parte de lo que hace el jediísmo y los movimientos religiosos parecidos a éste tan intrigante, es un esfuerzo concertado de usar la Internet para difundir los ideales del grupo.

LECTURAS ADICIONALES

http://www.jediism.org/

Office of National Statistics. «390,000 Jedi There Are». http://www.ons.gov.uk/ons/rel/census/census-2001-summary-theme-figures-and-rankings/390-000-jedis-there-are/jedi.html.

Perrott, Alan. «Jedi Order Lures 53,000 Disciples». *New Zealand Herald* (31 agosto 2002).

Temple of the Jedi Order. http://www.templeofthejediorder.org/.

ADIVINACIÓN, ASTROLOGÍA, CARTAS DEL TAROT Y LA NUEVA ERA

INTRODUCCIÓN

La adivinación, la astrología y el uso de las cartas del tarot se derivan de una creencia en la capacidad de predecir el futuro, o la adivinación. Estas y otras prácticas han existido desde tiempos antiguos, pero hoy en día están más a menudo asociados con el movimiento religioso conocido como la Nueva Era.

HISTORIA

Es probable que el movimiento de la Nueva Era se desarrollara a partir del movimiento de Teosofía del siglo XIX, que busca de sabiduría divina a través de la unión de los mundos físicos y metafísicos. El pensamiento de la Nueva Era fue influenciado aun más por la psicología del siglo XX y el redescubrimiento de la religión y filosofía oriental del occidente. Finalmente, la Nueva Era surgió en la década de 1970 con el respaldo de celebridades como Shirley MacLaine, y luego continuó prosperando gracias al éxito de gurús de salud, como Andrew Weil y Deepak Chopra. Sin embargo, el movimiento también ha caído bajo dura crítica de los miembros de la comunidad científica y otros escépticos quienes creen que la astrología, la curación con cristales, y otras formas de espiritualidad de la Nueva Era son pseudociencia, sin evidencia de éxito.

CREENCIAS

El movimiento de la Nueva Era adopta creencias de muchas religiones del mundo, creando así un sistema de creencias menos rígidas que la mayoría. La espiritualidad de la Nueva Era contiene aspectos de las tradiciones monoteístas, politeístas, y no teístas, incluyendo islam, budismo, taoísmo y neopaganismo, a la misma vez que usa psicología, física y curación natural. Los adherentes de la Nueva Era creen firmemente en la interconexión de mente, cuerpo y espíritu, y promueven la creencia de que los seres humanos están al borde de un cambio cultural masivo hacia el conocimiento total y la paz. El nombre «Nueva Era» proviene de la creencia de que existe el potencial dentro de cada persona para traer a esta nueva era cambio, una existencia inspirada por las energías y fuerzas cósmicas. Por lo tanto, los practicantes de la Nueva Era participan en una amplia variedad de prácticas de autoactualización, incluyendo la meditación, la curación holística, y las prácticas de adivinación como la lectura del tarot y la astrología.

Adivinación es el intento de determinar el futuro, a menudo mediante la comunicación con fuerzas sobrenaturales. Los de la Nueva Era creen que la adivinación es una forma de acceder al conocimiento cósmico para nuestro propio bienestar y autorrealización, acercándonos así a la nueva era. Las dos formas comunes de adivinación son la astrología (discernir el futuro por medio de las estrellas y los planetas) y la cartomancia (el uso de cartas para discernir el destino). La adivinación astrológica está comúnmente asociada con el horóscopo, que se basa en la posición de las estrellas y los planetas al momento del nacimiento. Un ejemplo de cartomancia lo proporciona el uso de una baraja del tarot, con una serie de setenta y ocho cartas con imágenes representando aspectos de la vida de una persona o elecciones futuras.

DEMOGRAFÍA

Encuestas recientes en Estados Unidos indican que las personas que identifican a su religión como Nueva Era constituyen una pequeña minoría de la población (0.4%), pero que muchos más creen en los ideales o han probado las prácticas de este movimiento. Por ejemplo, en Estados Unidos, el 28% de los encuestados en un sondeo de Gallup en el año 2000 indicaron que creían en la astrología (ver Wynn).

LECTURAS ADICIONALES

Gardner, Michael. *The New Age: Notes of a Fringe Watcher.* Nueva York: Prometheus Books, 1990.

MacLaine, Shirley. *Lo que sé de mí.* Barcelona: Plaza y Janes, 1994.

Shermer, Michael, ed. *The Skeptics Guide to Pseudoscience.* Santa Barbara: ABC CLIO, Inc., 2002.

Wynn, Charles. «Seen Any Red Pandas Lately?». *Journal of College Science Teaching* 36.5 (2007): pp. 10–11.

CREENCIA EN LO PARANORMAL Y ESPÍRITUS

INTRODUCCIÓN

Central a las creencias paranormales y espirituales, está la idea que algún aspecto de la persona, a menudo un espíritu o alma, sobrevive a la muerte y sigue presente de alguna manera en el mundo material. En este sistema de creencias, los espíritus de los difuntos a menudo están conectados a un determinado lugar u objeto, y estos espíritus todavía son capaces de comunicarse con los vivos.

La creencia en lo paranormal ha ganado popularidad en los últimos años. La fascinación con el mundo espiritual está presente en numerosos programas populares de televisión relacionados con fantasmas y apariciones, incluyendo las películas *Ghost Hunters* [Cazadores de fantasmas] y *Paranormal State* [Estado Paranormal], en el que equipos investigan supuestas apariciones. Los escépticos atestiguan que programas como estos manipulan a los espectadores por medio de trucos de cámara y lenguaje pseudocientífico, y que las creencias paranormales carecen de fundamento en la investigación científica actual.

HISTORIA Y CREENCIAS

La creencia en espíritus, fantasmas, y la habilidad de la gente para comunicarse con ellos no es un fenómeno nuevo. Investigadores han identificado el animismo, o la convicción de que todo tiene un espíritu, como una de las primeras creencias religiosas de los seres humanos. Los fantasmas figuran prominentemente en las creencias religiosas de muchas culturas antiguas, incluyendo la egipcia, grecorromana, china, japonesa y tibetana. En estas culturas hacían esfuerzos para comunicarse y para apaciguar a los espíritus de aquellos quienes habían muerto, pero que no han partido por completo. En la Biblia, el rey Saúl va a un médium para tratar de ponerse en contacto con Samuel (1 Samuel 28) aunque existían leyes prohibiendo estas prácticas en el Antiguo Testamento, indicando que la creencia en lo paranormal existía en el antiguo Israel. En Europa y Estados Unidos, la Iglesia Espiritista es un movimiento en el que personas tratan de comunicarse con los muertos a través de sesiones de espiritismo, la interpretación de sonidos que golpean, un médium y otros medios. Aunque el espiritismo alcanzó su máxima popularidad a finales del siglo XX y a principios del XIX, continúa practicándose hoy en día.

DEMOGRAFÍA

En una encuesta de Gallup en el 2005, tres de cada cuatro estadounidenses expresaron una creencia en algún tipo de actividad paranormal, incluyendo percepción extrasensorial, clarividencia y otras formas de control de la mente o de comunicación, de fantasmas y casas encantadas, y canalización, que es la habitación de una persona viva por un espíritu. En esta misma encuesta, más de un tercio de los encuestados coincidieron en que «las casas pueden estar encantadas», y casi el mismo número estaban de acuerdo en que «los espíritus de los muertos pueden volver a aparecer a ciertos lugares». En una encuesta realizada por CBS News en el 2009, el 48% de estadounidenses dijeron creer en fantasmas, y más de uno de cada cinco estadounidenses afirmaron haber visto un fantasma.

LECTURAS ADICIONALES

Alfano, Sean. «Poll: Majority believe in Ghosts». CBS News. http://www.cbsnews.com/stories/2005/10/29/opinion/polls/main994766.shtml.

Moore, David W. «Three in Four Americans Believe in Paranormal». Gallup. http://www.gallup.com/poll/16915/three-four-americans-believe-paranormal.aspx.

Shermer, Michael. *Por qué creemos en cosas raras: pseudociencia, superstición y otras confusiones de nuestro tiempo.* Barcelona: Alba Editorial: 2008.

DEMONOLOGÍA Y ANGELOLOGÍA

Muchas tradiciones religiosas comparten una creencia en la presencia de seres espirituales que influyen en los asuntos humanos terrenales. Algunos de estos seres son fuerzas del bien, representando el orden, y algunos son fuerzas del mal o desorden, y que a menudo poseen cualidades humanas o que experimentan emociones. Estos seres divinos comúnmente son descritos como ángeles y demonios, aunque los nombres pueden variar ampliamente entre las diferentes tradiciones. Las creencias populares relacionadas con los ángeles y los demonios son a menudo un intento de responder a la pregunta de por qué suceden cosas malas en el mundo.

RELIGIONES OCCIDENTALES

Judaísmo

Seres angelicales, incluyendo querubines y serafines, llenan gran parte de la antigua escritura judía. Sin embargo, estos seres tienen poca semejanza con los ángeles guardianes de la creencia popular. Algunos ángeles bíblicos son feroces; por ejemplo, tienen espadas ardientes (Génesis 3.24) y conducen ejércitos en batalla (Éxodo 23.23). Otros son mensajeros, trayendo noticias de destrucción inminente (Génesis 19.15). Todavía otros se parecen más a abogados; en Job son miembros de un «tribunal», incluyendo un fiscal. En hebreo, el nombre del ángel acusador es ha-satanás, o «el acusador», aunque esta figura puede ser un precursor del Satanás quien más tarde aparece en el Nuevo Testamento, en este contexto, el acusador es un miembro más del tribunal celestial, no una fuerza diabólica. Los querubines y serafines tienen varios conjuntos de alas y pueden volar (Isaías 6.2; Ezequiel 10.3). Cuando Gabriel se convierte en un intérprete en Daniel 8, es la figura más cercana de un ángel como un guía personal para los seres humanos en la Biblia hebrea.

Mientras que seres angelicales son comunes, muy poco se menciona en la Biblia hebrea acerca de demonios. Aunque la versión King James incluye la traducción de algunas palabras como «demonio» en la Biblia hebrea, una mejor traducción de estas palabras sería «ídolos» porque en realidad son objetos de culto, no seres con poderes espirituales (ver Salmos 106.37). Diferencia de espíritus ocurren en algunos lugares en la Biblia hebrea. Por ejemplo, el «espíritu de celos» afecta a la gente en Números 5.14, y un «espíritu malo» atormenta a Saúl en 1 Samuel 16.14. Sin embargo, estos no son fuerzas del mal que se oponen a Dios, sobre todo porque en el segundo caso, es Dios quien realmente envía el espíritu. En cambio, parece que los «espíritus» aquí se refieren a estados caóticos humanos, en lugar de a los verdaderos seres espirituales.

Cristianismo

Al igual que en la Biblia hebrea, en el Nuevo Testamento cristiano los ángeles no son simplemente guías apacibles. El ángel que visita a María le dice: «No tengas miedo», indicando que el miedo es su respuesta natural a este encuentro, y una advertencia similar es dada por los ejércitos celestiales cuando se encuentran con los pastores en Lucas 1.30 y 2.10. Los ángeles del Apocalipsis son muy feroces, transforman el agua en sangre y lanzan truenos y terremotos, destruyendo un tercio de la tierra, incluyendo los seres humanos (Apocalipsis 8). En el mismo texto, el ángel Miguel lucha en batalla contra un dragón, lo que resulta en la expulsión de otros ángeles del cielo al fin del tiempo (Apocalipsis 12).

Debido a que sus autores fueron influenciados por ideas griegas y romanas de seres llamados daimones, los primeros textos cristianos están más llenos de espíritus malévolos que en la Biblia hebrea. Muchas veces Jesús echa fuera demonios, incluyendo aquellos que causan enfermedad mental y discapacidad física (Marcos 5.1–20; 9.14–28). El malvado llamado Satanás en Marcos y un demonio en Mateo y Lucas es responsable por la tentación de Jesús antes de su ministerio público. En las epístolas, los demonios se entienden como fuerzas que puedan causar que los creyentes renuncien a su fe, y en el Apocalipsis, los demonios conducen a un ejército en Armagedón.

Islam

En el Corán hay referencias de muchos ángeles que también aparecen en la Biblia cristiana. Por ejemplo, tanto Yibril (Gabriel en textos cristianos) y Mikhail (Miguel) aparecen en la sura 2, donde están representados junto a Alá como segundo al mando contra los infieles (2.97–98). Yibril es el más destacado entre los ángeles, ya que es responsable por entregar la revelación del Corán a Mahoma. Al igual que en las escrituras judías y cristianas, los ángeles islámicos son mensajeros (22.75; 35.1) y militaristas (8.9–12), y guardianes (13.11). Generalmente, los ángeles son totalmente obedientes a Dios. Para los musulmanes, la creencia en los ángeles es uno de los seis artículos de fe.

En el Corán también existen espíritus llamados jinn, cuyo origen en la cultura árabe precede al islam. A diferencia de los ángeles, que están subordinados a Alá, los jinn pueden exhibir una amplia gama de naturalezas y lealtades; a veces son espíritus útiles, y otras veces son perturbadoras. También ocasionalmente son «audaces» (27.39) y transgresores (18.50). De acuerdo al Corán, Dios creó a los jinn de fuego, con el propósito inicial de servir a Alá (15.27; 51.56). Mucho más malévolo, sin embargo, son los shaitanes, el principal de los cuales es llamado Iblis. Los shaitanes son espíritus responsables por la caída de la humanidad y quienes enseñaron la hechicería (2.36, 102). Los shaitanes, y en particular Iblis, son los verdaderos enemigos tanto de Alá y de la humanidad, y son los responsables por llevar a los creyentes por el mal camino (2.178, 208). La palabra «shaitan» proviene del mismo origen que la palabra «Satanás» en el cristianismo.

RELIGIONES ASIÁTICAS E INDÍGENAS

Las cosmologías religiosas surasiáticas también cuentan con seres espirituales, aunque se diferencian de un modo distinto a las tradiciones occidentales. En el hinduismo, por ejemplo, los dioses (devas) y los demonios (asuras) están constantemente enzarzados en batalla, pero no necesariamente porque uno es bueno y otro malo. Más bien, la principal diferencia entre los devas y los asuras es que los devas a final se rinden a su dharma, o deber religioso. En contraste, los asuras son tercos y no se rinden ni a dioses, ni a dharma. Sin esta sumisión, el mundo está en peligro de caer en el caos, por lo tanto, la oposición entre los devas y los asuras no es entre el bien y el mal, sino más bien entre la sumisión y el egoísmo, y, finalmente entre orden y desorden.

Los budistas también tienen historias sagradas que incluyen demonios, uno de los más famosos es la historia de Siddharta meditando bajo el árbol Bodhi, el árbol de la iluminación, cuando es atacado por el demonio Mara, el señor de la muerte, como una tentación final antes de alcanzar la iluminación. Al igual que en el hinduismo, en budismo los demonios son una fuerza de caos y desorden en lugar del mal moral. Por ejemplo, los demonios a veces interfieren con las prácticas de personas santas que tratan de mejorar su karma, así como crear inquietud en los seres humanos ordinarios. Algunos demonios son en realidad fantasmas, espíritus de los muertos que molestan a los vivos para obtener alimentación y bebida.

Los demonios y espíritus malignos también desempeñan un papel en las religiones asiáticas orientales. Por ejemplo, en la tradición japonesa, espíritus llamados Oni son comúnmente asociados con el mal natural, tales como fuertes vientos, mala cosecha o aborto espontáneo más que mal moral. La religión tradicional china incorpora rituales tanto para impedir y apaciguar a fantasmas inquietos, demonios y otros espíritus malignos. Tanto en la religión china como en la japonesa, los espíritus malignos son las fuerzas que pueden perturbar la vida de las personas y traer dificultades o desastres si no están contentos. Una vez más, estos espíritus representan el caos, mientras tanto el ritual religioso es usado como una herramienta para restaurar el orden.

Muchas religiones indígenas tienen la creencia en seres espirituales. El término general para esta creencia en un reino espiritual es animismo, que se extiende más allá de un simple entendimiento de ángeles y demonios, e incluye un gran número de espíritus que pueblan el mundo. En la religión indígena de Zimbabue, Shavi produce tanto enfermedad como recuperación. En muchas creencias indígenas americanas, los chamanes humanos son guiados por espíritus de la naturaleza y pueden ser poseídos por ellos. En Nueva Zelanda, la mitología maorí está repleta con espíritus de luz, oscuridad, cosmos y caos. Una vez más, el mundo de los espíritus sirve como un escenario en el que los guardianes tanto del caos como el orden pueden interactuar con el mundo humano.

CREENCIAS POPULARES

Tanto en el judaísmo como en el cristianismo, las creencias en los ángeles y los demonios se hicieron más prominentes después del cierre de cada canon. En el judaísmo, la literatura posbíblica se extiende mucho más allá de la Biblia hebrea, cuando se trata de describir la naturaleza y función de los demonios en el mundo. Por ejemplo, en el Talmud y el midrash rabínico, aprendemos del demonio Lilith, quien es asociado con la muerte al dormir y daño a los recién nacidos a menos que amuletos adecuados sean usados para repelerle. En el libro de Enoc, que fue escrito bajo un nombre pretendido, tenemos descripciones de ángeles caídos que elijen perseguir a mujeres humanas, lo que les lleva a ser expulsado del cielo para siempre. El misticismo cabalista plantea toda una jerarquía de ángeles y demonios que habitan el sefirot, escaleras o rutas de acceso a lo divino. La tradición posbíblica cristiana expande de manera similar la función de los ángeles y los demonios, tal vez mejor ejemplificada por los escritos de Dante, quien llena el cielo, el infierno y el purgatorio con toda clase de seres divinos en su *Divina comedia*. Escritos de Dante también parecen haber influido en el concepto cristiano de la caída de Satanás delante de Dios, una idea que no se encuentra en la literatura bíblica.

Según hallazgos claves en la encuesta del Panorama Religioso realizado por el Pew Forum, 68% de los estadounidenses creen que los ángeles y demonios están activos en el mundo. La creencia en los ángeles ha sido sumamente importante en el movimiento de la Nueva Era, que ha florecido en Estados Unidos desde la década de 1970. Muchas creencias de la Nueva Era se basan en conceptos cristianos y judíos de una jerarquía angelical, terminología como querubines y serafines, y la creencia de que los ángeles están involucrados en batallas espirituales en la tierra. Sin embargo, los ángeles de la Nueva Era tienden a no ser tan feroces como los de la Biblia, sino que son descritos como guías, maestros o los contactos con el mundo espiritual. Algunos filósofos de la Nueva Era también describen estos seres no humanos, como fuerzas de la naturaleza, elementales o guías espirituales. Muchos practicantes de la Nueva Era creen que estos espíritus pueden ser canalizados a través de un médium, quien actúa como portavoz del ángel para comunicar orientación al buscador. El amplio atractivo de tal sistema de creencias ha sido evidente en las ventas masivas de libros tales como *La profecía celestina* de James Redfield y *Book of Angels* de Sylvia Browne [El libro de los ángeles].

La demonología y angelología también figuran prominentemente en creencias cristianas conservadoras, popularizada por la ficción de Frank Peretti y la obra apologética de Billy Graham titulado *Los ángeles*. Estos autores tienden a enfatizar el rol de los ángeles bíblicos, incluyendo los de guardia y guerrero, mientras que al mismo tiempo refuerzan su conexión con el mundo y destacan su participación en los asuntos de cada día de los humanos. En las tradiciones cristianas católicas, aun se cree que los demonios interfieren en la vida humana, según lo indicado por la continua presencia de cursos de formación de exorcismo para sacerdotes y obispos. Por ejemplo, la Agencia Católica de Noticias informó recientemente sobre un evento de capacitación de exorcismo en Baltimore, Maryland (http://www.catholicnewsagency.com/news/over-100-catholic-clergy-attend-exorcism-training-in-baltimore).

¿Cómo se explica la proliferación de creencias populares en ángeles y demonios, así como las antiguas creencias que todavía proliferan hoy? Hay muchas respuestas posibles, pero en parte, estas convicciones pueden ser intentos de explicar la existencia del mal y el caos en el mundo. Tanto en los tiempos antiguos como en los modernos, la gente ha tratado de responder a la pregunta existencial: «¿Por qué suceden cosas malas?». La presencia de fuerzas invisibles, fuera del control humano, pero activa en los asuntos humanos, ofrece una respuesta convincente para mucha gente.

LECTURAS ADICIONALES

Clark, Lynn Schofield. *From Angels to Aliens: Teenagers, the Media, and the Supernatural*. Oxford: Oxford UP, 2003.

Santana, Richard W., y Gregory Erickson. «Demons, Aliens, and Spiritual Warfare: Belief and Reality». En *Religion and Popular Culture: Rescripting the Sacred*. Richard W. Santana y Gregory Erickson, eds. Jefferson, NC: MacFarland, 2008.

Pew Forum on Religion and Public Life. «U.S. Religious Landscape Survey: Summary of Key Findings». http://religions.pewforum.org/pdf/report-religious-landscape-study-key-findings.pdf.

FANDOM

Podría parecer extraño encontrarse con el tema de fandom en un libro sobre religión. Fandom es un producto de la cultura popular y los medios masivos de comunicación, mientras que las religiones deben trascender a ese tipo de experiencia mundana. Sin embargo, en una inspección más cercana, hay mucho en común entre la cultura de los aficionados y las formas obvias de expresión religiosa. Esta discusión sobre fandom en la cultura popular intentará ofrecer al menos una mirada superficial a la superposición entre los dos.

Fandom es el término general para cualquier número de comunidades que siguen obsesivamente algún elemento de la cultura popular. Hay fandom enfocado en programas de televisión (*Buffy, la cazavampiros, Doctor Misterio, Viaje a las estrellas*), libros (*Harry Potter, El señor de los anillos*), películas (*El gran Lebowski, The Rocky Horror Picture Show* [El show musical del horror]), música (Elvis, Justin Bieber) y equipos deportivos. Aficionados serios no son solo receptores pasivos de la masiva cultura que disfrutan. Más bien, producen respuestas a los objetos de sus fandom, incluyendo fanzines, ficción para aficionados, juegos, podcasts y arte y su presentación visual. Los aficionados se reúnen en convenciones y grupos de discusión, y viajan a lugares específicos mencionados en una serie, un show, o en una canción. Los expertos que estudian la cultura del fandom han advertido en no descalificar la amplia y creativa esfera del fandom como algo «chiflado» o lleno de inadaptados sociales. En su lugar, han hecho hincapié en la manera la que la cultura de los aficionados examina cuidadosamente los medios de comunicación, ofrece una fuente para el activismo de los consumidores, crea belleza, y ofrece alternativas para las comunidades (ver «Jenkins»).

Tanto personas de fe como las personas que se dedican seriamente al fandom construyen comunidad de manera similar, tratando de dar sentido a la experiencia humana. Cuando los sociólogos hablan de cómo funciona la religión, ellos mencionan la importancia de rituales compartidos y actividades que promueven un sentido de unidad. Psicólogos discuten la habilidad de la práctica religiosa para aliviar el miedo y proporcionar bienestar en situaciones difíciles. Además, los antropólogos identifican la importancia de la religión para la producción de arte, literatura y material cultural. Los fandom funcionan para sus participantes de la misma manera que lo hace la religión. Por ejemplo, en el fandom de la serie *Viaje a las estrellas,* los aficionados se ven a sí mismos como una comunidad no solo con rituales compartidos (convenciones, vestido, lenguaje), sino también con una filosofía significativa y un sistema ético para vivir los temas universales de la serie (racionalidad, exploración, humanismo). Con esta experiencia de unidad, los fans de *Viaje a las estrellas* producen arte, literatura, videos y otras formas de expresión que muestran su lealtad no solo a la serie en sí, pero también a los valores representados en ella. Tomado en conjunto, la forma en que el fandom de *Viaje a las estrellas* funciona tiene una sorprendente similitud a la forma en que la religión funciona en la vida de los fieles. El documental *Trekkies* de Roger Nyard (1997) ilustra los aspectos religiosos y éticos de las convenciones de los aficionados de *Viaje a las estrellas.* El fandom de los seguidores de *Viaje a las estrellas* es uno de los más estudiados entre los académicos que buscan paralelismos entre la cultura de los fans y la religión. El fanatisismo de jediísmo en *La guerra de las galaxias* es otro ejemplo de una cultura de los fans con matices profundamente religiosos.

Además de darnos una idea de la manera en cómo funcionan las comunidades, la comprensión de cómo funciona el fandom en las vidas de sus participantes nos ayuda a reconocer la gran influencia de los medios populares en el sentido de nuestra sociedad de realidad y cultura. Históricamente, religiones más establecidas como el cristianismo tuvieron un impacto más profundo en las ideas de la mayoría de las personas y comportamientos relativos a la moralidad y a los valores, pero para muchas personas hoy en día los medios de comunicación han suplantado en gran medida la influencia de iglesias y sinagogas. Estas formas de entretenimiento y las comunidades que los rodean ofrecen una vía diferente para la transmisión de moralidad y valores.

LECTURAS ADICIONALES

Doss, Erika. *Elvis Culture: Fans, Faith & Image.* Lawrence: University of Kansas Press, 1999.

Jenkins, Henry. *Piratas de textos: fans, cultura participativa y televisión.* Barcelona: Paidós Ibérica, 2010.

Jindra, Michael. «Star Trek Fandom as a Religious Phenomenon». *Sociology of Religion* 55:1 (primavera, 1994): pp. 27–51.

RELIGIONES BASADAS EN LA CULTURA POP COMPARADAS CON EL CRISTIANISMO

	NATURALEZA DE DIOS	NATURALEZA DE LA HUMANIDAD	NATURALEZA DEL UNIVERSO
CRISTIANISMO	Un solo creador-Dios en tres personas: Padre, Hijo y Espíritu Santo. Dios es personal, tiene interacción con la humanidad, es todo conocedor y todo poderoso.	Dios permite a los humanos una voluntad libre para escoger entre lo bueno y lo malo. No obstante, son inherentemente pecaminosos y son incapaces de lograr la salvación por sus propios medios. En última instancia, la salvación solo viene por medio de Dios.	Este mundo es pasajero. Estamos participando en una Guerra entre el bien y el mal. Algún día Dios juzgará a toda la gente al final del tiempo, que ocasionará la venida largamente esperada del «Reino de Dios».
VAMPIRISMO	No hay creencias específicas en deidades u otras fuerzas sobrenaturales entre los practicantes.	Los humanos pueden alimentarse de la «fuerza de vida» de otras personas, ya sea físicamente a través de fluidos o psíquicamente a través de intercambio de energías.	Puntos de vista diversos del universo son representados por todo el vampirismo.
JEDIÍSMO	La fuerza es una energía animada en el universo similar al concepto de qi en la religión china. La fuerza se ha comparado también al Tao en el Taoísmo.	Los seres humanos pueden acceder a la fuerza a través de una mayor concienciación conseguida por medio del jediísmo. Vivir por los principios Jedi debería estimular a las personas a comportarse éticamente.	Los maestros Jedi anteriores, incluyendo a Jesús, Gandhi y el Buda, revelen verdades acerca del universo y La fuerza. Aspectos específicos acerca de estas verdades varían según el grupo e individuo.
ADIVINACIÓN/ASTROLOGÍA/TAROT/NUEVA ERA	Contiene aspectos de tradicionales monoteístas, politeístas y no teístas. Todas estas prácticas presumen la presencia de un mundo espiritual en alguna forma, aunque los aspectos específicos varían.	Mente, cuerpo y espíritu están interconectados. Los seres humanos están a punto de alcanzar una nueva era de paz y entendimiento a través de prácticas que incluyen la meditación, curación holística y la adivinación.	Los seres humanos son capaces de predecir el futuro, teniendo acceso a un plano espiritual para obtener dirección sobrenatural y una mayor concienciación.

RELIGIONES BASADAS EN LA CULTURA POP COMPARADAS CON EL CRISTIANISMO

	NATURALEZA DE DIOS	NATURALEZA DE LA HUMANIDAD	NATURALEZA DEL UNIVERSO
PARANORMAL/ ESPÍRITUS	Una creencia en el mundo espiritual, que incluye la naturaleza perdurable de las almas, subraya la creencia en lo paranormal.	Las almas humanas o espirituales permanecen en la tierra después de la muerte, y pueden comunicarse con quienes viven todavía, muchas veces a través de un médium.	Los lugares y objetos en todo el mundo material están llenos de significado espiritual. Estas entidades pueden servir como conductos por medio de la cual personas vivas y espíritus pueden comunicarse e interactuar.
DEMONOLOGÍA/ ANGELOLOGÍA	Los demonios y los ángeles, o más generalmente, malos o buenos espíritus, habitan el universo y tienen un impacto sobre asuntos terrenales.	Estos espíritus buenos y malos poseen cualidades humanas. Pueden interactuar con seres humanos, independiente o por cuenta de una deidad.	Los ángeles y demonios forman parte de muchas tradiciones religiosas con diversas cosmovisiones; no hay una descripción singular del universo que ellos ocupen.
FANDOM	No hay puntos de vista evidentes de lo sobrenatural en el fandom.	Los seres humanos buscan cercanía con los demás a través de rituales compartidas, mitología, cultura y experiencias, las cuales pueden ser conseguidas por medio de comunidades de «fans». Para alguna gente, esta cercanía puede tener una dimensión espiritual.	El universo imaginado por el fandom llega a ser una realidad a través de la devoción de los miembros de la comunidad. Muchas veces, los temas dentro de una película o serie sirven para ilustrar verdades más profundas y sugieren estrategias para la vida en general para sus fans.

186

CREENCIAS NO
RELIGIOSAS

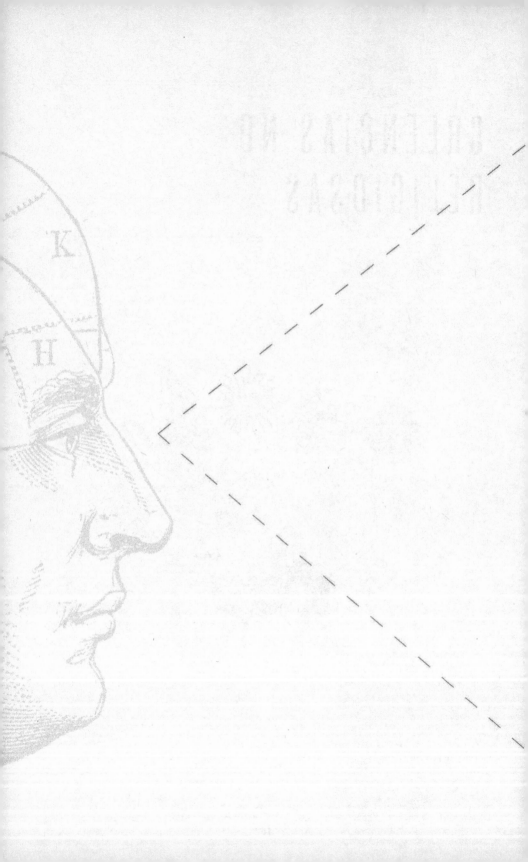

Ateísmo

INTRODUCCIÓN

El ateísmo es una posición filosófica que se basa en la afirmación que no existen ningunos seres supremos o fuerzas sobrenaturales. En cambio, los ateos sostienen que todos los fenómenos en el universo, incluyendo el pensamiento y moralidad humanos, son productos de la naturaleza y no tienen origen divino. Los ateos también no creen en la existencia de un alma humana que sobrevive la muerte.

HISTORIA

El ateísmo no es exclusivamente un sistema de pensamiento moderno, sino más bien es una diversidad de tradiciones que cuestionan la existencia de Dios como una creencia que ha existido a lo largo de la historia. Algunas tradiciones budistas son no teístas, declarando que ninguna intervención divina es necesaria para alcanzar la iluminación humana. En la antigua Grecia, los sofistas y los epicúreos frecuentemente desafiaban la creencia en los dioses y la acción divina en el mundo, así como el filósofo Sócrates. Estos filósofos no negaban por completo lo sobrenatural tanto como cuestionaban la autoridad religiosa y política y el valor de adorar a los dioses para la humanidad. En la época del Imperio romano, los cristianos fueron acusados de ateísmo por la misma razón: no aceptar los dioses del imperio como merecedores de culto. Además, durante el Renacimiento en Europa, un nuevo tipo de humanismo surgió en el que la gente negaba la dimensión religiosa como la única medida de excelencia. Sin embargo, ninguno de estos casos refleja exactamente cómo se define el ateísmo hoy en día. En cambio, estos entendimientos anteriores fueron una especie de escepticismo y pensamiento libre que desafiaron el statu quo. En contraste, los ateos modernos utilizan estos mismos valores, pero son más firmes en su suprema negación de Dios.

CREENCIAS

El ateísmo moderno como una posición filosófica ha sido profundamente influenciado por los escritos de Karl Marx, Sigmund Freud y Friedrich Nietzsche. Cada uno de estos teóricos vieron la religión judeocristiana en particular, como una creación humana, tal vez creada por necesidad, como último recurso que retiene la humanidad. Marx creía que la religión funcionaba como una droga para mantener la mayoría de las personas esclavizadas a la clase dominante, Freud llamó la religión una ilusión, y Nietzche famosamente afirmó que Dios estaba muerto. Los tres creían que el ateísmo y el enfoque en el presente son necesarios para superar el sufrimiento humano y liberar el potencial humano. Jean-Paul Sartre añadió su apoyo a la afirmación atea de la libertad humana, aparte de la creencia en Dios.

Desde 2008, ha habido un aumento de libros populares sobre el ateísmo, incluyendo obras de autores como Christopher Hitchens y Richard Dawkins. Estos autores son a menudo llamados los «nuevos ateos», y su enfoque va más allá de la filosofía, ya que fomentan una resistencia activa a la religión en todas sus formas. Les preocupa cómo a lo largo de la historia, la religión ha sido usada como una fuerza de violencia y opresión, y cómo las creencias religiosas se basan en la superstición y niegan la realidad científica. Por lo tanto, afirman que la religión debe ser activamente desacreditada. Como resultado, la moralidad humana no será destruida, pero al abandonar la religión debe mejorar la moral porque esta ya no estará basada en la creencia falsa y opresiva de la sociedad en Dios.

DEMOGRAFÍA

Según una reciente encuesta del Pew Forum, 1.6% de los estadounidenses se identifican como ateos. Además, en la encuesta de identificación religiosa de Estados Unidos, realizado en 2008, hasta el 15% de los estadounidenses identifican su religión como «ninguna». Debido a que esta categoría incluye ateos, agnósticos y otras personas no afiliadas, según la encuesta ARIS, no se puede dar cifras exactas de ateos específicamente. Sin embargo, dan pistas acerca de cuántos estadounidenses reclaman una identidad que no depende en la creencia en Dios.

LECTURAS ADICIONALES

ARIS. «American Religious Identification Survey (ARIS 2008)». http://commons.trincoll. edu/aris/files/2011/08/ARIS_Report_2008.pdf.

Dawkins, Richard. *El espejismo de dios*. Madrid: Espasa Libros, 2007.

Hitchens, Christopher. *Dios no es bueno: alegato contra la religion*. Barcelona: Debate, 2008.

Pew Forum on Religion and Public Life. «Not All Nonbelievers Call Themselves Atheists». http://pewforum.org/Not-All-Nonbelievers-Call-Themselves-Atheists.aspx.

Thrower, James. *Western Atheism: A Short Introduction*. Nueva York: Prometheus, 1971.

AGNOSTICISMO

INTRODUCCIÓN

El agnosticismo es una postura filosófica en la que los proponentes se muestran escépticos a la existencia de un ser divino, afirmando que es imposible demostrarlo mediante la razón humana. «Agnóstico» significa literalmente «no saber» o «desconocido», y es diferente del ateísmo, pues los ateos afirman explícitamente que seres divinos no existen.

HISTORIA

Los agnósticos no hacen ninguna reclamación específica sobre la realidad de un reino sobrenatural o de cualquier deidad. En los siglos XVIII y XIX, David Hume, Immanuel Kant, y Soren Kierkegaard se mostraron escépticos de cualquier reclamo por la prueba de la existencia de Dios. Sin embargo, fue T. H. Huxley en la década de 1860 quien acuñó el término «agnóstico». Debido a que el agnosticismo es una categoría de no saber en lugar de un conjunto específico de creencias, no es fácil de definir. Por ejemplo, en 2008, la U.S. Religious Landscape Survey (encuesta del panorama religioso de Estados Unidos) indicó que el 55% de los autoidentificados agnósticos expresaron una creencia en Dios, y el 17% sugirieron que estaban «absolutamente seguros» de que existe un dios o un espíritu universal. En otras palabras, una persona claramente puede creer en Dios pero todavía puede ser agnóstico, no sacando ninguna conclusión acerca de Dios o de establecer conexiones con alguna religión en particular.

A diferencia del agnosticismo, «no afiliado» como una categoría de creencias religiosas no tiene ninguna historia específica. En cambio, es una designación empleada por organizaciones de encuestas de opinión en respuesta a una creciente insatisfacción con la religión organizada. Ser no afiliado es esencialmente una categoría que engloba a todos, incluyendo ateos, agnósticos y otros quienes actualmente profesan no estar asociados con cualquiera tradición religiosa establecida.

DEMOGRAFÍA

En una encuesta del Pew Forum 2007, un 2.4% de estadounidenses se describen a sí mismos como agnósticos. Un porcentaje mucho mayor de la población (12.1%) responden que no están afiliados, ya sea en la categoría «no afiliado secular» (6.3%) o «sin afiliación religiosa» (5.8%). Esta categoría también descrita como «nada en particular», es el grupo de crecimiento más rápido. Los de entre 18–29 años de edad constituyen el mayor grupo de personas no afiliadas en Estados Unidos, lo que representa casi uno de cada cuatro encuestados.

Según la encuesta del 2008 sobre la identificación religiosa estadounidense (ARIS por sus siglas en inglés), aproximadamente 15% de los estadounidenses clasifican a su religión como «ninguna», que incluye tanto el agnosticismo como el ateísmo. Además, 4.3% afirman que «no hay manera de saber» si Dios existe. La categoría «ninguna» también tiene el mayor desequilibrio de género, con 60% siendo masculino.

LECTURAS ADICIONALES

Kosmin, Barry A. y Ariela Keysar. «The American Religious Identification Survey (ARIS 2008)». http://commons.trincoll.edu/aris/files/2011/08/ARIS_Report_2008.pdf.

Pew Forum on Religion and Public Life. «U.S. Religious Landscape Survey». http://religions. pewforum.org/pdf/report-religious-landscape-study-key-findings.pdf.

Posmodernismo

INTRODUCCIÓN

El posmodernismo es un sistema filosófico que critica la certeza científica, lingüística y teórica de la racionalidad y el modernismo que se desarrollaron durante la Edad de la Ilustración.

El posmodernismo tiene sus orígenes en las obras de un puñado de filósofos franceses, pero ha influido en discusiones más allá de la filosofía incluyendo el arte, historia, literatura, teoría política, cultura popular, religión y muchos otros. Los ideales posmodernistas y sus formas de conocimiento son muy diversas y a veces contradictorias. La idea clave del posmodernismo tiene un gran impacto en el mundo de hoy.

HISTORIA

Para entender el posmodernismo, una persona primero debe entender el modernismo, un término que se entiende de manera diferente por diferentes personas en función de su entendimiento individual de la historia, filosofía y epistemología. El modernismo surgió del racionalismo de la Edad de la Ilustración. Durante y después de la Segunda Guerra Mundial, los modernistas veían un mundo europeo en el que la investigación científica occidental podría producir ganancias reales en el control humano sobre la naturaleza y en el orden de la cultura. Poseyendo una creencia optimista sobre el progreso humano, los modernistas asumieron que había respuestas universales, reales y disponibles a las preguntas de la existencia humana, y que a través de la ciencia y la racionalidad, se podría descubrir la verdad. En términos del lenguaje humano, los modernistas creían que nuestras palabras apuntan a ideas «verdaderas» o que tienen contenido universal, es decir, cuando hablamos, nuestras palabras se refieren a objetos inmóviles que tienen un significado definido.

A principios del siglo XX, los filósofos comenzaron a cuestionar esta fe, verdad y su significado universal que no se había analizado. Jean-Francois Lyotard, Jacques Derrida y Foucault Michele se encontraban entre los críticos más famosos del modernismo, pero fue Lyotard quien trajo la posmodernidad a un público más amplio en su obra de 1979, *The Postmodern Condition* [La condición posmoderna]. La principal crítica de Lyotard es lo que se denomina metarrelatos: ideas omnicomprensivas, universales que parecen ser verdad para todas las personas en todas partes. Grandes ideas como progreso o verdad son en realidad intentos de los poderes para legitimar sus propias perspectivas, según Lyotard. Los pobres, oprimidos y devaluados en la sociedad nunca llegan a crear ni participar en estas interpretaciones de acontecimientos, pero todavía se espera que lo vean como algo cierto. Lyotard (1984) usa el ejemplo de Auschwitz, en el Holocausto, donde el progreso y ciencia fueron invocados por los nazis para legitimar el exterminio de pueblos enteros. En un mundo posAuschwitz, por tanto, debemos abordar este mismo tipo de lenguaje con escepticismo, tanto en el día de hoy como a lo largo de la historia.

CREENCIAS

La oposición posmodernista al pensamiento modernista ayuda a definir las creencias posmodernistas. Para criticar adecuadamente los metarrelatos modernistas, los posmodernistas a veces emplean un método conocido como deconstrucción, hecha famosa por Jacques Derrida en su obra *Of Grammatology* [De la gramatología]. Derrida sostiene que nuestras palabras, las mismas palabras que los modernistas creían que describían precisamente la realidad y la verdad mediada, en realidad están llenas de una diversidad de significados competidores. A algunos de estos significados se les da trato preferencial, mientras que otros son marginados. Esta es la forma en que los metarrelatos parecen natural o universal, dando autoridad a un significado sobre otro hasta que ese significado parece ser cierto. Al utilizar la sospecha, podemos desmantelar las estructuras de autoridad de nuestra lengua y su poder y en su lugar podemos apreciar que el significado es un producto cambiante, sin fundamento, e inestable en última instancia, de la cultura, en lugar de un todo completo y estable. Por ejemplo, un crítico posmodernista de la Biblia podría cuestionar cómo el lenguaje de dominio en el Génesis puede legitimar un mundo en el que los seres humanos se ven como fuerzas que se oponen a la naturaleza, una relación que los seres humanos privilegian. Reconociendo esta jerarquía permite que el posmodernismo vea esta relación entre la tierra y los seres humanos, como una posibilidad entre muchas, y no como la manera natural, obvia, de ver el mundo.

Si todo esto parece confuso, en cierto sentido, esa confusión es uno de los objetivos de posmodernismo. Teóricos posmodernistas quieren que la gente vean al mundo como algo más complejo de lo que los modernistas creían que era. En el posmodernismo, no existe una verdad universal, no hay certeza científica, y no hay progreso hacia un objetivo utópico, sino que existe una complejidad en el significado de las palabras e ideas y estructuras que deben ser resistidos para que no se conviertan en fuerzas de opresión. Para ello, la gente siempre tiene que estar sospechosa del lenguaje, del pensamiento lineal, y de las reclamaciones de verdad; y esto puede ser donde el postmodernismo ha tenido su mayor impacto en la sociedad actual. En el mundo posmoderno popular, la gente habla acerca de la verdad individual y desconfía de las pretensiones de tener una verdad absoluta. La lectura siguiendo el hipertexto en línea a menudo sustituye la lectura de historia lineal de un libro. Además, las personas usan imágenes y símbolos de diversas maneras, generalmente sin intentar conectarlos a un significado original. Piense en Lady Gaga cantando acerca de Judas como su amante en la canción *Judas*, por ejemplo. Todas estas formas de pensar y ser son parte del impacto posmodernista en la vida de las personas.

LECTURAS ADICIONALES

Butler, Christopher. *Postmodernism: A Very Short Introduction*. Oxford: Oxford UP, 2003.

Lyotard, Jean-Francois. *La condición postmoderna: Informe sobre el saber*. Madrid: Cátedra, 1989.

HUMANISMO SECULAR

INTRODUCCIÓN

Humanismo secular es una filosofía no religiosa del siglo XX, que mira a la ciencia y a la experiencia sensoria para determinar la comprensión y moralidad humana. Denuncia cualquier cosmovisión religiosa, incluyendo la existencia de un ser divino, Dios u otro, y la realidad de lo sobrenatural.

HISTORIA

En términos generales, el humanismo es una posición filosófica que valora las formas humanas de conocimiento, especialmente cuando se trata de determinar la verdad. Los humanistas tienden a apelar a la razón, la investigación científica y/o las consecuencias naturales en el establecimiento de moralidad y compasión. La tradición humanista tiene sus raíces en el antiguo pensamiento griego, en particular su énfasis en la racionalidad y la curiosidad. Los principios humanistas fueron significativos durante el renacimiento y la reforma en Europa, ya que ambos períodos destacaban la función del individuo en distinguir la verdad de la mentira en lugar de confiar en las enseñanzas de la iglesia. La tradición humanista también se basa en el escepticismo y los principios democráticos de la Edad de la Ilustración del siglo XVIII. Por lo tanto, por definición, la tradición humanista no es exclusivamente secular, más bien es simplemente una posición filosófica que afirma la importancia de las facultades humanas en determinar la verdad y la rectitud. El humanismo secular surgió de este movimiento humanista más grande y se convirtió en un fenómeno único con la publicación del *Manifiesto humanista* en 1933 y la posterior *Declaración humanista secular* en 1980.

CREENCIAS

Los humanistas seculares niegan la existencia de cualquier dios o reino trascendente. Sin embargo, el humanismo secular no es simplemente ateísmo. El ateísmo es una negación de la existencia de cualquier dios, mientras que el humanismo secular se difunde más allá de una simple negación y ofrece un sistema positivo de valores. Paul Kurtz, uno de los defensores más famosos del humanismo secular declaró: «El empuje principal del humanismo no es simplemente exponer lo negativo, lo que *no* creemos, pero en lo *que* hacemos. Soy un humanista secular porque no soy religioso. Saco mi inspiración, no de la religión o de la espiritualidad, sino de la ciencia, la ética, la filosofía y las artes» (2008). En otras palabras, los humanistas seculares buscan la separación de la religión de asuntos cívicos, la aprobación del pensamiento libre y la afirmación de la responsabilidad humana, tanto en crear y resolver problemas mundiales, en lugar de culpar al pecado y esperando salvación divina (ver «Afirmaciones» en la página en www.secularhumanism.org).

Algunas personas podrían desafiar que el humanismo secular se define como «religión» porque carece de cualquier sentido de un reino sobrenatural, y no busca fuentes trascendentes para la moralidad, y por lo tanto, una mejor terminología para este movimiento podría ser «filosofía» o «cosmovisión». Sin embargo, el humanismo secular fue clasificado como una religión no teísta en el dictamen de la corte suprema *Torcaso versus Watkins* en 1961 (en Estados Unidos). Los creacionistas que se oponen al compromiso del humanismo secular con la evolución, también lo han descrito como una religión, y a menudo lo ven como una amenaza a las creencias cristianas. Por ejemplo, el autor conservador cristiano Homero Duncan tituló su libro sobre el tema del humanismo secular: *La religión más peligrosa en América*.

DEMOGRAFÍA

Es difícil deducir el número exacto de humanistas seculares en el mundo. Muchos humanistas seculares viven en culturas en las que pueden ser reacios para definirse a ellos mismos como tal. Por ejemplo, en algunas naciones donde la religión es patrocinada por el estado, los humanistas seculares podían ser castigados con la muerte. Se ha sugerido que aproximadamente un diez por ciento de la población de cualquier nación podría definirse como humanista secular. Sin embargo, es casi imposible saberlo con certeza.

LECTURAS ADICIONALES

Council for Secular Humanism. http://www.secularhumanism.org/.

Kurtz, Paul. «The Convictions of a Humanist». *Humanist* 68.3 (2008): pp. 21–25.

CREENCIAS NO RELIGIOSAS COMPARADAS CON EL CRISTIANISMO

	NATURALEZA DE DIOS	NATURALEZA DE LA HUMANIDAD	NATURALEZA DEL UNIVERSO
CRISTIANISMO	Un solo creador-Dios en tres personas: Padre, Hijo y Espíritu Santo. Dios es personal, tiene interacción con la humanidad, es todo conocedor y todo poderoso.	Dios permite a los humanos una voluntad libre para escoger entre lo bueno y lo malo. No obstante, son inherentemente pecaminosos y son incapaces de lograr la salvación por sus propios medios. En última instancia, la salvación solo viene por medio de Dios.	Este mundo es pasajero. Estamos participando en una guerra entre el bien y el mal. Algún día Dios juzgará a toda la gente al final del tiempo, que ocasionará la venida largamente esperada del «Reino de Dios».
ATEÍSMO	Los ateístas insisten que no existen deidades ni otras fuerzas sobrenaturales.	Los seres humanos no tienen un alma que sobrevive la muerte. La vida presente en el mundo material es el alcance total de la existencia humana.	El universo no es la creación de un poder superior, pero en lugar de eso es puramente producto de la naturaleza.
AGNOSTICISMO	La existencia de deidades y fuerzas sobrenaturales es vista con escepticismo.	Hay límites para la lógica humana y habilidad. Los seres humanos son incapaces de entender las verdades esenciales acerca de Dios, la religión y el universo.	Es imposible conocer acerca del universo utilizando la razón humana.
POSMODERNISMO	Ideas acerca de Dios y lo sobrenatural meramente son construcciones humanas.	Los seres humanos a menudo se restringen a sí mismos a formas convencionales de conocimiento, mientras el posmodernismo permite a las personas a considerar la gama entera de posibilidades. Las personas deben mirar a todas las cosas con escepticismo porque el entendimiento humano es subjetivo y no objetivo.	Los humanos construyen al universo y luego ven eso como «real». No existen verdades esenciales, como la verdad se determina socialmente. El universo no necesita estar restringido por la necesidad de las personas a aferrarse a las maneras cómodas del saber.

CREENCIAS NO RELIGIOSAS COMPARADAS CON EL CRISTIANISMO CONTINUADA

NATURALEZA DE DIOS	NATURALEZA DE LA HUMANIDAD	NATURALEZA DEL UNIVERSO
Conocimiento humano y el entendimiento toman el lugar de cualquier poder superior.	Los caminos humanos de conocer la verdad a través de la razón e investigación científica se celebran; la responsabilidad personal y el pensar libre son promovidos. En lugar de apoyarse en la dirección externa, los humanistas seculares se apoyan sobre su propio sentido de bien y mal.	El universo es conocible a través de la ciencia y la experiencia sensoria. Sin un enfoque en ninguna esfera sobrenatural, el énfasis está en el mundo físico, conociéndolo científicamente, y actuando en ello con responsabilidad.

HUMANISMO SECULAR

EXTREMISMO

FUNDAMENTALISMO

INTRODUCCIÓN

El fundamentalismo se refiere a la idea de que una determinada doctrina política o religiosa debe ser tomada literalmente y no debe ser interpretada ni adaptada de ninguna manera. El fundamentalismo religioso no se aplica a una sola tradición, sino que es un término utilizado para una amplia variedad de tradiciones que comparten principios comunes. Por lo general, los fundamentalistas creen que sus textos religiosos y autoridades son sin error, ven a su fe como el único medio de salvación, y ven a la modernidad como una amenaza a sus creencias y prácticas tradicionales. Recientemente, el fundamentalismo se ha expandido más allá de cuestiones religiosas y ha adoptado posiciones políticas e ideales nacionalistas. Mientras que el fundamentalismo comenzó en Estados Unidos y fue inicialmente asociado con un tipo particular de cristianismo protestante, más recientemente el término se ha aplicado a grupos dentro de otras religiones, incluyendo islam, judaísmo y hinduismo.

FUNDAMENTALISMO CRISTIANO

Originalmente el fundamentalismo se refería a cierto tipo de cristianismo que se desarrolló en Estados Unidos a principios del siglo XX. Esta forma de cristianismo fue esencialmente reaccionaria, basada en una percepción de amenaza del liberalismo, de crítica bíblica que desafió la autoría mosaica de la Torah, y al surgimiento de principios científicos así como la evolución que desafiaba a Dios como creador del universo. En respuesta, un grupo de clérigos y laicos protestantes escribieron *Los fundamentos: un testimonio de la verdad*, que llegó a ser la base del fundamentalismo cristiano; primero y principal entre las creencias que estos autores expresaron fue la afirmación de que las palabras en la Biblia eran infalibles, siendo las palabras literales de Dios. De esta afirmación central, los fundamentalistas rechazaban la crítica bíblica, afirmando el nacimiento virginal literal, la resurrección y la venida de Jesús, negando la posibilidad de evolución en la creación de la humanidad. Los autores de *Los fundamentos* también arremetieron contra las amenazas percibidas de socialismo, catolicismo, mormonismo y la ciencia cristiana. Las instituciones de educación superior protestantes, incluyendo el Seminario de Princeton y Moody Bible Institute, fueron especialmente importantes para la difusión de los ideales fundamentalistas, y consideraron que sus estudiantes eran formados para defender el conservatismo.

Más recientemente, el fundamentalismo cristiano en Estados Unidos se ha convertido no solo en una fuerza religiosa, sino en una fuerza política también. Los mismos temores al liberalismo y a la modernidad y el mismo compromiso con la literalidad bíblica, especialmente relacionados con los temas sociales, condujeron al surgimiento de la derecha cristiana en los años 1970 y 80. La derecha cristiana es un término que se refiere a los cristianos «de derechas» que por lo general apoyan políticas socialmente conservadoras, citando textos religiosos para justificar sus creencias políticas. En los años 70 y 80, la derecha cristiana intentó responder a las amenazas percibidas a sus creencias tradicionales con el activismo político y la formación religiosa. La Mayoría Moral del reverendo Jerry Falwell, fundada en 1979, fue ampliamente considerada como el primer grupo de la derecha cristiana que adoptó este enfoque. Además, la Coalición cristiana de Pat Robertson y el grupo antiabortivo Operación Rescate, ejerció una enorme influencia en la política de la década de 1990, encontrando aliados particularmente fuertes dentro del Partido Republicano.

El ala moderna política del fundamentalismo cristiano ha sido muy influyente en el establecimiento de una plataforma política que se opone al matrimonio homosexual, al aborto y a la anticoncepción basada en la educación sexual. El movimiento original protestante ha sacado un fuerte elemento católico en estas preocupaciones comunes. Los fundamentalistas modernos también han desafiado el consenso científico sobre el cambio climático y se han opuesto a la enseñanza de la evolución como un medio para entender los orígenes humanos en los cursos de biología.

En 2008, el Pew Forum sobre religión y vida pública investigó creencias cristianas y encontró que mientras un pequeño porcentaje (1%) de cristianos identifican la membresía de su iglesia como fundamentalista, en realidad los principios fundamentalistas están mucho más extendidos. Por ejemplo, un 22% de cristianos (no evangélicos o fundamentalistas) creen que la Biblia es «la Palabra de Dios, para ser tomada literalmente palabra por palabra». Comparativamente, el 29% de cristianos están en total desacuerdo en que la evolución explica mejor los orígenes del hombre (http://religions.pewforum.org/pdf/report-religious-landscape-study-full.pdf).

OTRAS FORMAS DE FUNDAMENTALISMO

Otras tradiciones religiosas tienen movimientos similares que se caracterizan por el conservadurismo religioso, la literalidad textual, y un rechazo de la modernidad. Tanto académicos y los medios de comunicación se refieren a estos grupos como fundamentalistas.

Fundamentalismo islámico

El fundamentalismo islámico se refiere a musulmanes que toman el Corán (la sagrada escritura del islam) y en algunos casos, el Sunna (las enseñanzas y acciones de Mahoma), literalmente, y buscan el establecimiento de estados musulmanes en un esfuerzo para ejercer mejor las demandas del Corán. La revolución iraní de 1979 fue una de las expresiones políticas más famosas del fundamentalismo islámico. En esta revolución, el Shah de Irán fue reemplazado por el ayatolá Jomeini, un revolucionario religioso, para establecer una teocracia, un gobierno que es explícitamente religioso. Irán sigue siendo una república islámica y conserva la aplicación estricta de la ley religiosa llamada la sharia. Otros grupos fundamentalistas islámicos incluyen el Wahabí de Arabia Saudita y el Talibán de Afganistán.

Fundamentalismo judío

El fundamentalismo judío también tiene elementos religiosos y políticos. Entre los fundamentalistas religiosos están los jaredíes (Jaredim en hebreo), también llamados judíos ultraortodoxos, quienes ven al Torah tanto escrita como oral, como dada por Dios y absolutamente autorizada en todos los aspectos de la vida. Como tal, la estricta observancia del día de reposo y las leyes kosher son obligatorias. Su vestimenta es también conservadora, y los hombres y las mujeres adoran por separado para mantener la percepción de la comunidad de modestia y decoro. Entre los judíos fundamentalistas políticos hay aquellos que quieren acelerar el reino mesiánico de Israel al ocupar parte de la Tierra Santa dada a los palestinos después de la Segunda Guerra Mundial. A veces, estos judíos son llamados sionistas. Un ejemplo de un grupo político sionista es el Gush Emunim, establecido en los principios, «La Tierra de Israel, para el pueblo de Israel, bajo la Torah de Israel». Sin embargo, el sionismo no es siempre un movimiento fundamentalista, por lo que estos términos no deben ser equiparados.

Fundamentalismo hindú

Sectas fundamentalistas también aparecen entre los hindúes en la India. Sin embargo, estos movimientos se centran menos en el conservadurismo religioso y más en la política. Por ejemplo, los partidarios de los movimientos Hindutva y Vishva Hindú Parashad tratan de establecer a la India como una nación hindú, y su objetivo es promover el nacionalismo religioso. Mientras que los fundamentalistas en el cristianismo, el judaísmo y el islam se encuentran a menudo en conflicto con los no fundamentalistas en sus propias tradiciones, los fundamentalistas hindúes tienden a promover la solidaridad pan-hindú. Como resultado, es más probable que el conflicto en el fundamentalismo hindú sea dirigido a los no hindúes.

Fundamentalismo en la vida pública

Karen Armstrong, autora de doce libros sobre religiones comparadas, ha señalado que una de las emociones primordiales del fundamentalismo moderno es el miedo al cambio. Los fundamentalistas, ya sean religiosos o políticos, consideran los cambios en la sociedad como una amenaza a los valores y creencias tradicionales que valoran, por lo que resisten activamente estos cambios. A veces, esta resistencia se da en forma de estrictos controles doctrinales, como los valores expresados en *Los fundamentos* o la aplicación estricta de la sharia. En otras ocasiones, la resistencia toma forma de protesta política, como en la Mayoría Moral o la revolución iraní. Un hilo común, sin embargo, es la preocupación sobre una sociedad cambiante, la creencia en la importancia de mantener los principios tradicionales religiosos, y un compromiso para vivir estos principios tanto en el ámbito religioso como político. Todos estos factores han contribuido al auge del fundamentalismo en Estados Unidos y alrededor del mundo.

LECTURAS ADICIONALES

Abadi, Jacob. «Religious Zionism and Israeli Politics: Gush Emunim Revisted». Páginas 67–90 en *Religious Fundamentalism in Developing Countries*. Santosh Saha y Thomas Karr, eds. Westport, CT: Greenwood Press, 2001.

Armstrong, Karen. *The Battle for God: A History of Fundamentalism*. Nueva York: Random House, 2000.

Marty, Martin. *Fundamentalisms Observed*. Chicago: University of Chicago Press, 1994.

Pew Forum on Religion and Public Life. «U.S. Religious Landscape Survey». http://religions.pewforum.org/.

VIOLENCIA RELIGIOSA

INTRODUCCIÓN

Según el académico Mark Juergensmeyer, en 1980, «casi ni una sola organización religiosa» fue incluida en la lista de vigilancia del terrorismo del Departamento de Estado de Estados Unidos. Veinte años más tarde, más de la mitad de las organizaciones en la lista de vigilancia son de carácter religioso. ¿Cómo se explica el aumento de la violencia religiosa? ¿Ha existido esta tendencia siempre en las religiones? ¿Son las religiones violentas por naturaleza, o la violencia religiosa es el resultado de personas aisladas que malinterpretan su religión? Este breve capítulo no puede abordar toda la complejidad del tema de la violencia religiosa. Sin embargo, puede proporcionar algunos puntos de partida para futuras discusiones.

La violencia es evidente en muchas religiones, incluyendo judaísmo, cristianismo, islam, hinduismo y budismo. Aunque mucha gente puede asociar la violencia con las religiones abrahámicas, otras religiones tampoco son inmunes a la justificación religiosa de actos violentos, incluso religiones como el budismo, que defiende el principio de ahimsa (no violencia), o el hinduismo, que a menudo la gente lo asocia con la no violencia y el vegetarianismo. Además, pequeños nuevos movimientos religiosos han demostrado que ellos también pueden tener el potencial para la violencia.

VIOLENCIA EN LAS RELIGIONES ABRAHÁMICAS

Algunas veces las escrituras judías se usan para justificar la violencia. De hecho, algunas partes de la Biblia hebrea ofrecen descripciones muy gráficas sobre odio, asesinato y guerra. Cuando los israelitas toman la tierra de Canaán, se les ordena a «destruirás por completo» a los habitantes de la tierra (Deuteronomio 7.2). Cuando la Tierra Prometida se ve amenazada, los jueces de Israel matan a los ejércitos opuestos en respuesta (Jueces 3; 15). Cuando los babilonios toman el territorio, los exiliados israelitas expresan la esperanza de que los bebés de Babilonia tuvieran sus cabezas aplastadas por las rocas (Salmos 137). Luego, cuando finalmente regresan, Ester y Mardoqueo son elogiados por tramar la muerte de Amán y sus hijos, un evento que se celebra hasta hoy en Purim. La violencia no solo se relaciona con la lucha nacional; la violencia interpersonal ocurre entre los cónyuges (Levítico 19), padres e hijos (Jueces 11.37–39) y hermanos (Génesis 4), todas con motivaciones religiosas.

Dios, también se describe como un guerrero (Éxodo 15.3), e incluso como un marido abusivo (Ezequiel 16).

En el judaísmo posbíblico, el pueblo judío ha estado involucrado en violentos conflictos religiosos con paganos, cristianos y musulmanes. Judíos bajo el dominio romano se negaron a someterse a lo que ellos consideraban idolatría, respondiendo con rebeliones violentas como la revuelta de Bar Kojba. Elliot Horowitz ha argumentado persuasivamente que en el judaísmo a lo largo de la historia, la respuesta al conflicto con la conducta violenta ha sido justificada por medio de la historia de Purim, en la cual los judíos matan a sus opresores. Recientemente, grupos judíos han justificado los ataques contra los palestinos, alegando sus derechos a la tierra de Israel. Por ejemplo, durante la masacre en la tumba de los Patriarcas en Hebrón, veintinueve musulmanes fueron asesinados y más de cien heridos por un médico de Brooklyn quien creía que solo los judíos tenían derecho a la Tierra Santa (http://www.highbeam.com/doc/1P2-4638083.html).

En el cristianismo, los autores del Nuevo Testamento también a menudo emplean imágenes violentas. Jesús afirma en el Evangelio de Mateo que él «no [vino] a traer paz sino espada» (10.34), y para poner en conflicto a miembros de la familia entre sí por el bien de la fe. El infiel «sufrirán el castigo de eterna destrucción» por sus poderosos ángeles, según el autor de 2 Tesalonicenses. Además, en el libro de Apocalipsis, la humanidad está presionada en un lagar y la sangre fluye «hasta los frenos de los caballos por una distancia de como trescientos veinte kilómetros» en el día del juicio final (14.20).

Imágenes como estas instruyeron las actitudes cristianas a lo largo de los siglos, y a menudo se invocaban para justificar actos de violencia contra los demás, especialmente los no cristianos. John Collins ha observado la forma en que los cristianos usan la Biblia para apoyar las cruzadas, la revuelta puritana en Inglaterra, el maltrato de los nativos americanos en Estados Unidos, y muchos movimientos apocalípticos en Europa y América. Los dueños de esclavos en la preguerra civil de América con regularidad justificaban su violencia hacia los esclavos con citas de las epístolas, diciendo: «Siervos, estad sujetos a vuestros amos» (1 Pedro 2.18). Además, la interpretación errónea de quien es culpable de la crucifixión ha provocado un antisemitismo desenfrenado, incluyendo la justificación para el Holocausto. Hoy en día, grupos cristianos extremistas siguen justificando su violencia como fidelidad a Dios y a la Biblia. Por ejemplo, creencias antiaborto del ministro presbiteriano Paul Hill le llevó a asesinar a un médico de mujeres llamado John Britton en 1994. En 2010, los miembros de la milicia Hutaree de Michigan, fueron detenidos por la elaboración de un plan para matar a agentes de policía, en un esfuerzo para traer el Apocalipsis.

Al igual que en las escrituras judías y cristianas, imágenes violentas también aparecen en el Corán. Por ejemplo, en Sura 5, se da una advertencia a «aquellos que emprenden guerra contra Alá y su gente... que deberían ser asesinados o crucificados, o sus manos y sus pies debe ser cortados» (5.33). En Sura 9, los creyentes son animados a «matar a los idólatras dondequiera que los encontréis», y en Sura 33, se advierte a hipócritas y agitadores que «dondequiera que se encuentren, serán capturados y asesinados» (33.61). Sin embargo, el texto que se cita más comúnmente en que se promete vírgenes a los mártires, no es realmente acerca de mártires, sino que es una visión del paraíso para todos los fieles (56.10–38). A pesar de este hecho, algunos extremistas todavía usan este texto para animar al terrorismo.

En tiempos modernos, actos de terrorismo por parte de grupos extremistas islámicos han recibido mucha atención, tanto de los estudiosos como de los medios de comunicación. En 1972, extremistas palestinos secuestraron y mataron a atletas israelíes en los Juegos Olímpicos. Luego, en 1979, estudiantes iraníes que apoyaban el ayatolá chií se apoderaron de la Embajada de Estados Unidos y tomaron sesenta y seis rehenes, dando lugar a un enfrentamiento que duró 444 días. Además, cerca de 240 infantes de marina murieron en Beirut, Líbano en 1983, en un ataque llevado a cabo por el grupo radical chií Hezbolá. Luego, con la meta de restablecer un estado musulmán, el grupo terrorista al-Qaeda ha perpetrado ataques en Kenia, Tanzania, Somalia y Yemen. También se cree que están detrás del ataque contra el barco USS Cole en el 2000 y el 11 de septiembre de 2001 contra Nueva York y Washington, D.C. Por otra parte, en la India, grupos musulmanes pakistaníes han sido responsables de la muerte de miles de hindúes de Cachemira en un intento de limpieza étnica como resultado de disputas territoriales.

Por supuesto, el extremismo, el odio y la violencia están presentes en prácticamente todas las religiones, aunque ninguna religión es universalmente violenta. También, a veces la violencia que se justifica con el lenguaje religioso es en realidad motivada por factores políticos o económicos. Sin embargo, cada persona debe asumir la responsabilidad por sus propias acciones violentas, reconociendo que estas acciones reflejan mal la religión en general. Además, este capítulo aborda principalmente a los actos organizados de violencia colectiva, pero a un nivel individual, la violencia interpersonal y la intolerancia también pueden tener motivaciones religiosas. Por ejemplo, violencia contra las mujeres, abuso infantil, y la homofobia, pueden resultar de creencias religiosas, incluso entre los no extremistas.

VIOLENCIA EN LAS RELIGIONES DE ASIA

Aunque muchas personas perciben a las religiones asiáticas como tradiciones más pacíficas, tanto el hinduismo como el budismo también tienen algunos elementos violentos. En estos contextos, hay componentes políticos y nacionalistas que alimentan la violencia religiosa.

El nacionalismo hindú violento es más evidente en el actual conflicto entre India y Pakistán. Durante la partición de la India después de la liberación del dominio británico en 1947, los estados de Pakistán oriental y occidental fueron creados; Pakistán Oriental se convirtió eventualmente en Bangladesh en 1971. La división fue en gran parte religiosa, con India siendo principalmente hindú y Pakistán musulmán. Esta división resultó en violencia significativa, ya que tanto los hindúes como los musulmanes se vieron obligados a trasladar a sus familias basados en su identidad religiosa, lo que fomentó el profundo resentimiento entre los dos grupos. Como resultado, el proceso de reubicación en sí fue muy peligroso, con estallidos de violencia frecuente entre hindúes y musulmanes. Se estima que alrededor de un millón de personas murieron durante ese verano. Para una mirada gráfica, pero importante sobre la violencia de la partición, ver fotografías en BBC News http://news.bbc. co.uk/2/shared/spl/hi/pop_ups/06/south_asia_india0s_partition/html/5.stm. Hoy en día, partes del territorio del norte de Cachemira, que se encuentra en la frontera entre India y Pakistán, siguen en disputa.

En 1992, nacionalistas hindúes destruyeron la mezquita de Babri que databa del siglo XVI, en la ciudad de Ayodhya. Los hindúes creían que la mezquita fue construida sobre el lugar de nacimiento del Señor Ram, que es un avatar de Vishnu y el héroe amado del Ramayana, una famosa epopeya religiosa. Tanto los hindúes como los musulmanes reclamaban el mismo terreno sagrado, dando lugar a una disputa que duró más de cien años. Lamentablemente, el resultado final fue un conflicto muy violento; la mezquita fue destruida, y más de 2,000 hindúes y musulmanes fueron asesinados durante el ataque y disturbios asociados a lo largo de la India y Pakistán. La violencia también estalló en la provincia de Gujarat en 2002 después que musulmanes bombardearon un tren lleno de hindúes que habían estado en una peregrinación a Ayodhya y regresaban a casa. Cincuenta y nueve hombres, mujeres y niños murieron en este ataque, y en respuesta, turbas hindúes mataron a cerca de 800 musulmanes y quemaron lugares de cultos islámicos. Alrededor de 250 hindúes también murieron durante estos disturbios. Estos dos ejemplos de los conflictos interreligiosos son el resultado no solo de las divisiones religiosas, sino también de las divisiones políticas. Debido a que la identidad religiosa está tan ligada a la identidad nacional, lo religioso y lo político son prácticamente inseparables, lo que solo aumenta las posibilidades de conflicto.

Aunque imágenes de un Buda meditando pacíficamente y monjes despreocupados son comunes en el budismo, esta tradición no es inmune a conflictos. El budismo tiene una historia de violencia y conquista política, desde fomentar asesinatos en el Tíbet, a los bien armados monjes budistas militares en Tailandia (ver Jerryson y Jurgensmeyer). El nacionalismo budista ha sido la fuerza detrás de los enfrentamientos en Sri Lanka involucrando la violencia entre la mayoría de la población budista y la minoría Tamil, quienes son principalmente hindúes y cristianos, sobre la creación de una nueva patria Tamil. Este conflicto condujo a una guerra civil de veintiséis años, terminando finalmente en 2009 con la victoria del ejército de Sri Lanka y la derrota de los insurgentes tamiles. Algunos cálculos indican que hasta 100,000 personas murieron de ambos lados combinados.

VIOLENCIA Y NUEVOS MOVIMIENTOS RELIGIOSOS

Mientras que nuevos movimientos religiosos no son todos de naturaleza violenta, hay ejemplos de algunos grupos convirtiéndose en violentos e incluso mortales. Si existe la influencia de un líder poderoso, junto con un aislamiento del mundo, puede haber resultados devastadores.

En 1993, miembros de la oficina estadounidense de alcohol, tabaco y armas (ATF), se enfrentaron con la Rama de los Davidianos de Mt. Carmel en las afueras de Waco, Texas (Estados Unidos). El líder de este grupo, David Koresh, estaba convencido de que los miembros del complejo se estaban preparando para una batalla apocalíptica, basado en su lectura del Apocalipsis. Se veía a sí mismo como el Mesías en esta guerra que se avecinaba, y creía que tenía una responsabilidad de levantar un ejército al engendrar hijos con las mujeres del complejo, una creencia que llamaba la Doctrina Nueva Luz, y reclutaba activamente nuevos miembros. En preparación para la batalla, la Rama de los Davidianos habían acumulado muchas armas. La etapa inicial de la confrontación de 1993, que dejó a varios agentes de la ATF y miembros del grupo muertos, solo intensificó la creencia de Koresh que el fin de los días estaba sobre ellos. No está claro si los davidianos habrían usado sus armas si hubiesen sido provocados aun más; la disputa llegó a un final inquietante cuando un incendio envolvió el complejo y mató a la mayoría de las personas adentro. Tras investigar el incidente, la Comisión de Danforth (un panel independiente, designado por el gobierno), indicó que la Rama de los Davidianos sí podría haber iniciado el fuego, tal vez para tomar sus propias vidas antes que someterse a una autoridad que creían ser el Anticristo.

Del mismo modo violentos suicidios bajo el liderazgo de individuos carismáticos se han llevado a cabo en otros lugares. Un ejemplo bien conocido ocurrió en Jonestown, Guyana, donde el reverendo Jim Jones y sus colaboradores convencieron a más de 900 miembros del People's Temple para poner fin a sus propias vidas y tomar las vidas de sus hijos con cianuro antes que someterse a una investigación realizada por el congresista americano Leo Ryan en 1978. El congresista Ryan fue asesinado durante su investigación. Otro incidente ocurrió en San Diego, California, en 1997, cuando Marshall Applewhite convenció a treinta y ocho seguidores a que tomaran sus propias vidas para que pudieran acceder a un OVNI que creían que estaba detrás de un cometa. Los miembros de la secta, llamada Puerta del Cielo, llamaron el proceso de tomar sus propias vidas «membresía en el siguiente nivel», una indicación de su creencia de que esta vida es solo un plano de existencia.

En raras ocasiones las sectas han actuado criminalmente como fue el caso con la familia de Charles Manson en 1969. Manson logró reunir a sus seguidores del movimiento contracultura de California, y quienes eventualmente asesinaron en su nombre, alegando que él era la segunda venida de Cristo y que los asesinatos eran necesarios para provocar un tumulto racial que conduciría al Armagedón. Treinta años más tarde, miembros del movimiento para la Restauración de los Diez Mandamientos apuñalaron, estrangularon y golpearon a cientos de ugandeses que criticaron el movimiento y quienes se negaron a cumplir con los Diez Mandamientos, de acuerdo a lo que creían los miembros del grupo. Además, en 1994–1995, decenas de personas murieron y miles resultaron heridas en los ataques de gas venenoso en Japón, perpetrado por un grupo llamado Aum Shinrikyo en respuesta a las percibidas amenazas políticas y sociales en Japón.

Por lo general, actos de violencia perpetrados por grupos de sectas se precipitan por una expectativa apocalíptica o milenaria, y la opresión o maltrato a manos de la cultura. Una figura carismática a menudo desempeña un papel en la instigación de la violencia a pesar de que él o ella no siempre personalmente cometen los actos.

¿ES LA RELIGIÓN UNA FUERZA PARA LA VIOLENCIA?

Ninguna tradición religiosa, grande o pequeña, está a salvo de las tendencias violentas. La observación del odio religioso ha llevado a escritores antirreligiosos como el autor ateo Christopher Hitchens, a proclamar que «la religión lo envenena todo». Además, aun personas que creen que la religión puede ser una fuerza para bien, tienen que reconocer que las acciones de la gente en nombre de la religión, así como la retórica de textos religiosos, han sido perjudiciales, destructivas y traumáticas. Es injusto para quienes han sido traumatizados por la violencia religiosa encubrir su dolor menospreciando el papel de la religión en sus traumas. En su lugar, debemos investigar el extremismo y la ira que ha fomentado la violencia religiosa y empezar a pensar y actuar de una manera que contrarrestaren estos elementos dañinos. Si la religión puede ser una fuerza para la violencia, entonces también puede ser una fuerza para el bien.

LECTURAS ADICIONALES

Bromley, David G. y J. Gordon Melton, eds. *Cults, Religion, and Violence*. Oxford: Oxford UP, 2002.

Brown, Robert McAfee. *Religion and Violence*. Filadelfia: Westminster Press, 1987.

Burns, Charlene Embrey. *More Moral Than God: Taking Responsibility for Religious Violence*. Lanham, MD: Rowman and Littlefield: 2008.

Collins, John J. *Does the Bible Justify Violence?* Minneapolis: Augsburg Fortress, 2004.

Hagerty, Barbara Bradley. «Is the Bible More Violent Than the Koran?» NPR News. 18 marzo 2010.

Horowitz, Elliot. *Reckless Rites: Purim and the Legacy of Jewish Violence*. Princeton: Princeton UP, 2006.

Jerryson, Michael y Mark Jurgensmeyer. *Buddhist Warfare*. Oxford: Oxford UP, 2009.

Juergensmeyer, Mark. *Terror in the Mind of God: The Global Rise of Religious Violence*. Berkeley: University of California Press, 2003.

Repp, Martin. «Religion and Violence in Japan». Páginas 147–72 en *Violence and New Religious Movements*. James R. Lewis, ed. Oxford: Oxford UP, 2011.

Walliss, John. *Apocalyptic Trajectories: Millenarianism and Violence in the Contemporary World*. Bern: European Academic, 2004.

Warraq, Ibn. «Virgins? What Virgins?». *The Guardian* (11 enero 2002).

*Calendario
maya labrado
en hueso*

Apocalipticismo

INTRODUCCIÓN

El apocalipticismo es la creencia en el inminente fin del mundo o de esta edad, a menudo en conjunción con la llegada de un mesías o profeta que juzgará a la humanidad al final de los tiempos o escatón. La mayoría de las personas que profesan creencias apocalípticas mantienen una cosmología lineal; una visión del universo en el que todas las cosas existen en una sola línea de tiempo, en lugar de en un sinfín de reciclaje en el mundo y un profundo sentido de dualismo cosmológico, en el que existe una batalla del bien contra el mal. Mientras que las creencias apocalípticas más a menudo se asocian con religiones como judaísmo, zoroastrismo, cristianismo e islam, el apocalipticismo popular ha proliferado y ha llegado más allá de estas primeras manifestaciones. Desde estos primeros antiguos pronunciamientos apocalípticos, los llamados profetas han afirmado repetidamente un inminente fin del mundo. Recientemente, la paranoia apocalíptica se ha manifestado en el fenómeno del calendario maya del 2012, entre otros.

HISTORIA

Apocalipticismo antiguo

El apocalipticismo, como una forma de ver el mundo, surgió del clima político de los Imperios griegos y romanos. Ambos imperios fueron opresivos hacia las religiones no dominantes (judaísmo bajo los griegos, o judaísmo y cristianismo bajo los romanos). Exigían obediencia al imperio y renuncia de prácticas y creencias monoteístas. Los ejércitos imperiales y los reyes títeres a menudo interferían en el funcionamiento del templo en Jerusalén, profanándolo con sacrificios paganos. Bajo tal dominio despótico, los oprimidos empezaron a preguntarse si Dios los había abandonado, a pesar de que habían sido fieles.

El género de la literatura apocalíptica es una respuesta a la opresión y a las preguntas teológicas que plantea. En términos generales, la literatura apocalíptica es:

1. Cósmica en su alcance, lo que significa que ve a los opresores como parte de una gran batalla universal para lograr la autoridad máxima;
2. Dualista, es decir que divide a todas las personas y poderes en dos bandos: buenos o malos, así como anticipando un juicio dualista de la vida eterna o la condenación;

3. Escatológico, o que trata con el fin de esta edad;

4. Alegórico o simbólico, con imágenes o palabras remplazando a otras ideas, personas o cosas; y

5. Revelado, generalmente por un agente divino, ángel o figura mesiánica.

Al crear un estilo de literatura usando imágenes veladas y codificadas, y un lenguaje simbólico, los autores apocalípticos fueron capaces de hablar sobre el inminente final de la opresión y la irrupción del reino de Dios sin temor a la persecución por parte de los gobiernos reinantes. De este modo, fueron capaces de manejar sus situaciones como pueblos oprimidos, creyendo que el mundo pronto llegaría a su fin y los malvados serían castigados. El Apocalipsis de Enoc, el libro de Daniel capítulos 7–12, Marcos 13 y el Apocalipsis se encuentran entre los muchos ejemplos de la literatura apocalíptica judía y cristiana de la época grecorromana.

El texto sagrado del islam, conocido como el Corán, surgió cinco siglos más tarde, y comparte muchas de las características apocalípticas que se encuentran en los textos judeocristianos. Varios capítulos o suras del Corán destacan en un juicio próximo de la humanidad, una resurrección del cuerpo a vida eterna o al tormento eterno, y un fin de la actual edad (ver sura 22, 39, 40 y 82). En los cien años después de la finalización del Corán, los musulmanes desarrollaron el concepto del Mahdi, un redentor que marcará el comienzo del juico final; esta idea es especialmente importante entre los chiíes.

Apocalipticismo posterior

Algunos siglos después de la legalización del cristianismo, el apocalipticismo disminuyó entre los cristianos. Sin embargo, con la rápida expansión de islam, los cristianos en Europa empezaron a preguntarse si la nueva religión era una señal del inminente fin del mundo. Ese temor fue en aumento cuando los musulmanes se expandieron hasta Jerusalén. Además, la mención de un reinado de mil años de Cristo en el Apocalipsis de Juan hizo que algunas personas creyeran que debían entrar en la batalla final para luchar pues el milenio se acercaba. Sobre todo en Inglaterra y Francia, predicadores, monjes y escritores alimentaron este temor, aunque no existe un consenso académico sobre cuán grande era el nivel de pánico en otras partes de Europa. Por ejemplo, Bernardo de Turingia, un ermitaño bien conocido, predijo que el mundo terminaría en 992, y Adso de Montier-en-Dur, escribiendo en 950, describe vívidamente la pronta llegada del anticristo en una carta a la reina Gerbera de Francia. Silvestre II, el Papa durante el año 1000, no menciona el Apocalipsis en sus propios escritos, y despidió con una bendición a la temerosa multitud en Roma en vísperas del milenio cuando el temido final no llegó.

Sin embargo, el paso del año 1,000 no puso fin a las expectativas apocalípticas. En el judaísmo, los místicos cabalísticos usaban cartas astrológicas para predecir la inminente llegada del mesías y la redención del pueblo judío en textos como el *Zohar*. Basándose en estas expectativas, el judío místico Shabbatai Zevi afirmó ser el mesías esperado, anticipando el apocalipsis en 1666 (ver Himmelfarb). Moshe Edel ha sugerido que, al igual que sus homólogos apocalípticos antiguos, la escritura apocalíptica judía posterior al 1000 E.C., aún fue inspirada por la opresión, esta vez a manos de los cristianos europeos. Asimismo, los musulmanes desarrollaron escritos apocalípticos astrológicamente orientados en los siglos XI y XII, en respuesta a las cruzadas y las invasiones de los mongoles. Aunque aparentemente no motivado por los temores políticos, los místicos cristianos, como Hildegaard de Bingen escribieron sobre visiones apocalípticas gráficas durante este tiempo también.

Dada la gran cantidad de ejemplos, sería imposible rastrear la amplitud de los movimientos apocalípticos en los próximos 900 años. Sin embargo, algunos ejemplos de la historia religiosa estadounidense merecen mención. Desde el principio, el fervor cristiano apocalíptico en el nuevo mundo fue evidente. Por ejemplo, Cristóbal Colón se llamó a sí mismo «el mensajero del nuevo cielo y la tierra nueva», al reflexionar sobre su «descubrimiento» de las Américas (ver Stein). Los puritanos también se veían a sí mismos como parte del cumplimiento del reino escatológico, refiriendo a su ciudad como la nueva Jerusalén. Cien años más tarde, en las colonias americanas, ardientes predicadores como Jonathan Edwards causaron el Gran Despertar, caracterizada por un resurgimiento religioso y afirmando que el fin del mundo estaba por llegar. Además, bajo el liderazgo de Joseph Smith, en la década de 1830, los del nuevo movimiento mormón se llamaron los Santos de los Últimos Días, creyendo que estaban viviendo en los últimos días. Durante la misma década, un granjero llamado William Miller convenció a cientos de personas que el mundo se acabaría en 1843 y, posteriormente en 1844. Como resultado, la fecha del 22 de octubre de 1844, la fecha prevista por el predicador Samuel Snow, llegó a ser conocida como la Gran Decepción, debido a las miles de personas que esperaron en vano que el fin llegara. Los acontecimientos de los siglos XIX y XX, sobre todo la Guerra Civil y las Guerras Mundiales I y II, también alimentaron las expectativas apocalípticas.

Al llegar a su fin el segundo milenio, el fervor apocalíptico fue renovado. Escritores cristianos conservadores como Hal Lindsay, *La agonía del gran planeta tierra*, Tim LaHaye y Jerry Jenkins, la serie *Dejados atrás* cuentan historias del apocalipsis bíblico para audiencias modernas, y sus libros se convirtieron en éxitos de venta. Estos libros también alimentaron el debate en círculos cristianos fundamentalistas sobre puntos de vista premilenial, amilenial y posmillennial del apocalipsis (ver Boch). En el judaísmo, grupos jasídicos Chabad-Lubavitch en Brooklyn, Nueva York, afirmaban que el rabino Menajem Mendel Schneerson era el mesías aquí sobre la tierra para redimir al mundo.

Pequeñas sectas separatistas cristianas se aislaron y se prepararon ante la proximidad del apocalipsis, a menudo con resultados desastrosos. Por ejemplo, los davidianos eran una rama de los Adventistas del Séptimo Día, salido del movimiento milerista de 1800. Creyendo en las expectativas del retorno de Cristo de David Koresh, los davidianos se aislaron dentro de un complejo en Waco, Texas, y terminaron enfrentándose al gobierno, lo que resultó en la muerte de más de ochenta personas. Otro trágico ejemplo de un grupo apocalíptico es el People's Temple, iniciada por Jim Jones en California, quien trasladaría el grupo a Guyana con el fin de establecer una comunidad utópica llamada Jonestown. People's Temple terminó en una combinación de asesinato y suicidio en 1978, cuando más de 900 hombres, mujeres y niños murieron bajo los órdenes de Jones. La reacción del público en estos casos varió radicalmente. Documentales como el de William Gazecki, *Waco: Rules of Engagement* [Waco: las normas de combate], en realidad presenta a los davidianos en una manera positiva y culpa al gobierno por su desaparición. Diferente es el caso de Stanley Nelson en *Jonestown: The Life and Death of the People's Temple* [Jonestown: La vida y muerte del Templo del Pueblo], en que presenta una visión muy negativa de Jim Jones. El grupo religioso sincrético Puerta del Cielo también predijo una especie de un apocalipsis extraterrestre, mientras esperaban un OVNI detrás del cometa Hale-Bopp en 1997. Una vez más, hubo consecuencias trágicas, ya que treinta y nueve miembros de este grupo se quitaron su vida con el fin de unirse a la nave espacial.

La llegada del año 2000 (Y2K) produjo más predicciones apocalípticas, esta vez con un giro tecnológico, con computadoras jugando un papel clave en la proximidad del fin. Luego, cuando el mundo no se acabó en el año 2000, una oculta interpretación del calendario maya se convirtió en el nuevo enfoque de las predicciones del fin de los tiempos. Según los proponentes, el calendario maya debe restablecerse el 21 de diciembre de 2012, sobre la base de épocas cíclicas de aproximadamente 394 años, y esto desencadenará el final de la era actual. Los planetas se alinearán causando devastación cósmica. Sin embargo, como Krupp y muchos otros lo han explicado, el calendario no augura eventos cataclísmicos, ni se alinearán los planetas de una manera definida. Además, los mayas vieron muchas épocas cíclicas más allá del final del ciclo actual, lo que indica que no veían la llegada de 2012 como el «fin del mundo».

¿POR QUÉ IMPORTA EL APOCALIPTICISMO?

En un artículo para la revista *New Scientist*, Michael Shermer reiteró lo que ha sido evidente desde los inicios del apocalipticismo: «Las visiones apocalípticas... nos ayudan a darle sentido a un mundo a menudo aparentemente sin sentido. Ante la confusión y la aniquilación, es necesario la restitución y la tranquilidad». De hecho, a través de las edades, el apocalipticismo ha ayudado a los que temen al mundo que los rodea para asegurarles que pronto se acabará el caos. Al igual que el pueblo judío buscaban la era mesiánica para escapar a la subyugación, y así como los cristianos usaban numerología y las escrituras para calmar sus temores de una inminente invasión musulmana, los movimientos apocalípticos de hoy en día a menudo ven al fin del mundo como un nuevo comienzo. Esta cosmovisión permite a los oprimidos mirar al futuro para su libertad, y a los religiosos para esperar su recompensa final. Visiones apocalípticas del mundo representan un mundo en el que se acabarán las injusticias actuales, permitiendo que la mente humana busque patrones en eventos mundiales aparentemente sin sentido. Teniendo en cuenta estos beneficios espirituales, políticos y psicológicos, probablemente no hemos visto el final del apocalipticismo.

LECTURAS ADICIONALES

Bock, Darrell L., ed. *Tres puntos de vista sobre el milenio y el más allá: La posición del creyente ante el retorno inminente de Cristo*. Miami: Vida, 2004.

Edel, Moshe. «Jewish Apocalypticism: 670–1670». Páginas 354–79 en *The Continuum History of Apocalypticism*. Bernard McGinn, John J. Collins y Stephen J. Stein, eds. Nueva York: Continuum, 2003.

Himmelfarb, Martha. *The Apocalypse: A Brief History*. Oxford: Blackwell, 2010.

Krupp, E.C. «The 2012 Scare». *Sky and Telescope*. 118.5 (2009): pp. 22–26.

Landes, Richard Allen, Andrew Gow y David Van Meter, eds. *The Apocalyptic Year 1000: Religious Expectation and Social Change, 950 to 1050*. Oxford: Oxford UP, 2003.

Shermer, Michael. «The End Is Always Nigh». *New Scientist* 210.2815 (2011): pp. 30–31.

Stein, Stephen J. «American Millennial Visions: Towards Constructions of a New Architectonic of American Apocalypticism». Páginas 187–233 en *Imagining the End: Visions of Apocalypse from the Ancient Middle East to Modern America*. Abbas Amanat y Magnus T. Bernhardsson, eds. Londres: I.B. Tauris & Co., 2002.

LIDERAZGO CARISMÁTICO

Líderes carismáticos son personas que, por el uso de una conexión emocional (fascinación, manipulación, etc.), estilo de comunicación, o poder relacional, son capaces de convencer a otros de seguirlos voluntariamente. Los adherentes suelen percibir a los líderes religiosos carismáticos como que están singularmente dotados de poder divino para guiar a los demás. Por lo general, estas figuras religiosas están fuera de las jerarquías convencionales y abogan por una visión radicalmente diferente de la religión, creando a menudo conflictos con la jerarquía religiosa. Si bien el liderazgo carismático puede ser una fuerza poderosa y positiva para el cambio social, también puede ser manipulador, peligroso y abusivo.

Los estudiosos han tratado de comprender por qué líderes carismáticos prosperan y obtienen fieles seguidores, a pesar del potencial de manipulación y abuso. El sociólogo Max Weber indica que el liderazgo carismático depende de las cualidades tanto internas del líder («dones»), como de la aceptación del grupo. Cuando los grupos aceptan líderes carismáticos, sostiene Weber, los seguidores están dispuestos a confiar completamente en otra persona debido a una profunda necesidad de superar las limitaciones de su mundo convencional. Es una gran motivación identificarse con alguien que, a través de sus dones, parece capaz de trascender este mundo. Psicólogos que estudian a los líderes empresariales contemporáneos notan que a menudo la lealtad proviene de la capacidad del líder carismático para fomentar un alto rendimiento y empoderamiento del grupo, lo cual inspira más devoción y reverencia en los miembros del grupo.

Lamentablemente, la confianza de los seguidores en un líder carismático a veces puede tener consecuencias desastrosas e incluso mortales. El ascenso de Hitler al poder tras los efectos perjudiciales de la Primera Guerra Mundial en Alemania es el ejemplo más conocido de un líder carismático actuando con el deseo de las masas por un cambio radical. El daño a Alemania de aquella época, tanto en lo arquitectónico (debido a los continuos bombardeos y fuego de artillería) y económica (debido a las reparaciones forzadas por el Tratado de Versalles), creó un gran sentimiento de insatisfacción y descontento social. Además, el inestable clima sociopolítico significó que ningún gobierno sólido permaneció en el poder más de unas pocas semanas a la vez. Esto creó un escenario ideal para la toma de posición de un líder carismático, quien prometió un gran esfuerzo en la recuperación. La población alemana estaba tan deseosa de un alivio, que el argumento de Hitler para la erradicación de los judíos parecía una propuesta razonable, sobre todo porque los judíos tenían una larga historia de persecución. La oferta de una solución a un problema aparentemente imposible causó un amplio apoyo para Hitler y su agenda.

Otro ejemplo famoso de este lado oscuro del carisma involucra al reverendo Jim Jones y el suicidio en masa de los miembros del People's Temple en Jonestown. Jones inspiró gran lealtad en sus seguidores basada en parte por su atractivo personal y su estilo de comunicación, pero también por sus ideologías, que promovía una armonía racial y una era de la reconciliación que estaba cercana (ver Maaga). Sin embargo, Jones inspiró tal lealtad y fue capaz de centralizar tan fuertemente su autoridad sobre los miembros del grupo, que sus seguidores perdieron todo sentido de sí mismos fuera del grupo y del propio Jones. Esto fue especialmente cierto cuando el grupo se aisló en el campamento de Jonestown, Guyana. Cuando Jones alegó que el grupo estaba amenazado, muchos miembros estuvieron dispuestos a quitarse sus propias vidas antes de renunciar a su fe en su líder.

Sin embargo, no todas las áreas de un liderazgo carismático son oscuras, ni este se encuentra solo en los nuevos movimientos religiosos. Las religiones tradicionales también pueden estar bajo esta influencia, incluso en el momento de su origen. En el judaísmo, los profetas de la Biblia hebrea se encontraban fuera de la clase sacerdotal y en cambio reclamaban la orientación divina directa de sus pronunciamientos (ver Jeremías 1.6–10 como ejemplo). Del mismo modo, en el cristianismo, el apóstol Pablo afirmó que su autoridad no surgió de los discípulos que habían conocido al Jesús histórico, sino más bien de un encuentro directo con el Cristo resucitado (Gálatas 1.15–17). En islam, toda la tradición profética se basa en la creencia de que Dios le dio una revelación directa a la humanidad a través de una sucesión de profetas, terminando con Mahoma, y luego continuó la supervivencia del islam dependiendo de la predicación y la personalidad persuasiva de Mahoma. Más recientemente, John Smith y su sucesor, Brigham Young, muestran liderazgo carismático en la creación y el establecimiento del mormonismo.

LECTURAS ADICIONALES

Maaga, Mary McCormick. *Hearing the Voices of Jonestown*. Syracuse: Syracuse UP, 1998.

Weber, Max. *On Charisma and Institution Building*. S. N. Eisenstadt, ed. Chicago: University of Chicago Press, 1968.

Conclusión

A pesar de la audacia de nuestro título, esto no es todo lo que tú querías saber acerca de todas las religiones, sectas o creencias populares. En primer lugar, todo lo que tú querías saber nunca cabría en un libro que pudieras sacar de la biblioteca. Sin embargo, lo más importante es que las personas cambian y también lo hacen las tradiciones. Hemos ofrecido algunas descripciones (probablemente idealizadas) de los sistemas de creencias, pero la gama completa del significado y las prácticas para las personas en diferentes épocas y lugares, difícilmente puede ser capturada, aquí o en otro lugar. Por ejemplo, antes de la destrucción del segundo templo, el judaísmo pudo haber sido considerado una religión que estaba conectada únicamente a un sitio, pero la pérdida del templo obligó a la religión cambiarse. Las creencias crecen y cambian constantemente, así que no hay manera de incluir todos los elementos de todas las religiones en este libro. Además, no hay manera de hablar en nombre de más de mil millones de musulmanes o dos mil millones de cristianos. En cambio, hemos intentado ser lo más amplio y generoso posible, y luego proporcionar orientación sobre dónde conseguir más información si es necesario.

Para ello, esperamos que tú uses las «lecturas adicionales» al final de cada apartado, el cual ofrecerá más libros, sitios web populares y artículos de noticias que ayuden a explicar las creencias, eventos y temas relacionados con cada religión o grupo. Para cualquier pregunta que tú puedas tener y que no abordamos, habla de ello. Pregunta a la gente lo que ellos creen y la manera de que entienden el mundo. Pregunta a pastores, sacerdotes, rabinos, líderes de la congregación o maestros en tu propia comunidad; estas personas y lugares pueden proporcionar una gran cantidad de información para que tus interacciones con personas de diferentes religiones sea más inteligente y respetuoso. Tú llegarás a tener una mayor comprensión de tu propia fe y serás capaz de expresarte con más claridad.

Un pensamiento final: en la introducción, mencionamos que los dos somos profesoras, y que nos hemos embarcado en la aventura de escribir este libro para educar contra la ignorancia y la intolerancia, y para despertar un mejor entendimiento. Para un profesor, no hay mayor alegría que ver a un estudiante abrir sus ojos a un mundo e ideas más grandes. Al compartir estas religiones, sectas y creencias contigo, esperamos no solo informarte acerca de los nombres, fechas, credos y textos. Además de todo eso, queremos ser parte de ese tipo de apertura de mente, respeto a la capacidad y la comprensión de todos vosotros. Eso nos da esperanza.